바리스타로 오신 예수

IVP(InterVarsity Press)는
캠퍼스와 세상 속의 하나님 나라 운동을 지향하는
IVF(InterVarsity Christian Fellowship)의 출판부로
생각하는 그리스도인을 위한 문서 운동을 실천합니다.

바리스타로 오신 예수

커피 마시며 음미해 본 신앙 이야기

글·그림 석용욱

Ivp

차례

글을 시작하며 • 7

1. 삶은 커피처럼
1. 모두의 카페라테 • 12
2. 아인슈페너의 이질감 • 22
3. 오후에는 아이스 플랫화이트 • 32
4. 식어도 맛있는 커피 • 40

2. 커피의 경제학
5. 손해 보는 장사 • 50
6. 공짜 커피 • 58
7. 길목에서 • 66

3. 커피 향기

8. 로스팅하는 법 • 78
9. 핸드 드립의 매력 • 88
10. 원두의 개성을 찾아서 • 96
11. 신묘막측한 맛 • 110
12. 그의 커피 • 122

4. 바리스타 예수

13. 사마리아 여자의 목마름 • 134
14. 비주류 세리 마태 • 142
15. 그저 캐러멜마키아토 • 148
16. 품 넓은 카페 • 156

글을 마치며 • 168
감사의 글 • 172
추천의 글 • 175

글을 시작하며

커피와 머핀 모닝 세트 5달러.

뉴질랜드의 한 교포 부부가 운영하는 대학 내 카페의 아침 메뉴다. 커피와 머핀이 합쳐서 5달러(한화 약 4천 원)! 가장 저렴한 식사 한 끼에 만 원 정도 하는 현지 물가를 고려할 때 획기적인 가격이었다. 갑자기 의심이 생겼다. '혹시 장사가 안돼서 이러나? 손님을 조금이라도 더 끌어 보려고…?'

알고 보니 형편이 어려운 유학생들을 위한 메뉴란다. 순간 얼굴이 화끈거렸다. '나와는 수준이 다른 분들이구나….' 사실 이 메뉴는 존재하면 안 됐다. 팔릴수록 오히려 손해를 보는 메뉴이기 때문이다. 하지만 아침마다 이 메뉴를 찾아 줄 서는 다수 세계 유학생들을 생각하면 도저히 없앨 수 없었고 그래서 힘을 다해 모닝 세트를 고수하고 있다고 했다. 그런데 이상한 일이 일어난단다. 분명 계산상으로는 이 메뉴 때문에 손해를 보는 것이 맞는데, 월말에 정산하면 손해가 나지 않는다는 것이다. 설명할 수 없는 이유로 말이다. 그들은 덧붙였다. 이 카페를 하나님이 운영하시는 듯하다고.

순간 나는 그곳에 계신 예수님의 모습을 보았다. 우리의 대화를 들으며 구석 한편에서 커피를 내리고 계신 모습을. 슬그머니 미소 지으시는 그분의 얼굴이 눈앞에 그려졌다. 그 순간 이 책을 쓰기로 결심했다.

일터에서 작은 예수로 살아야 함을 머리로는 알지만, 실천하기는 쉽지 않다. 일요일이 지나면 어느새 세상의 일부가 되어 어제의 은혜는 잊고 사는 것이 우리의 모습이다. 더구나 내 이익과 직결된 일터에서 예수의 삶을 살아 낸다? 그야말로 하늘의 별 따기다.

그래도 그 별을 따 보겠다며 손을 허우적대는 사람들을 목격할 때가 있다. 진짜 그리스도인들. 모두 생계를 위해 매일 일하는 평범한 사람들이다. 혼을 다해 현장에서 예수님을 따라 살려는 그들의 모습에서 훌륭한 설교 한 편 이상의 감동을 느낀다. 정작 본인들은 내가 왜 감동하는지 전혀 알지 못하지만.

그 감동을 글로 쓰고 그림으로 그렸다. 동시에 상상했다. 예수님이 목수가 아닌 바리스타로 오신다면 어떨까? 어떤 마음으로 손님을 맞이하시고 커피를 내리실까? 거기서 한걸음 더 나아가 본다. 바리스타가 아닌 또 다른 일이라면 어떨까? 지금 당신이 있는 그 일터에 계신다면?

●●l 일터에서 예수의 삶을 살아 낸다?
그야말로 하늘의 별 따기다.
그래도 그 별을 따 보겠다며
손을 허우적대는 사람들을 목격할 때가 있다.

1.
삶은 커피처럼

1. 모두의 카페라테

'치이익!'

피어오르는 수증기 속에서 스팀 밀크가 만들어진다.

그렇게 만든 스팀 밀크는 바리스타의 핸들링 속에서 타원을 그리며 에스프레소 속으로 빨려 들어간다. 우유가 더해지면 에스프레소의 짙은 빛깔은 이내 옅은 갈색으로 바뀌고 핸들링의 타원도 점점 좁아진다. 마무리는 역시나 라테 아트. 스팀 피처로 꼬리를 단 하트를 꽃피우면 바리스타의 1분 공연은 끝이 난다. 많은 이들에게 사랑받는 대중적인 커피, 카페라테가 완성되었다.

커피는 크게 '에스프레소 계열'espresso type과 '라테 계열'latte type로 나뉜다. 에스프레소 계열은 에스프레소 원액을 물에 희석하여 마시는 방식이고 라테 계열은 에스프레소 원액을 우유에 중화하여 마시는 방식이다. 이탤리언 에스프레소Italian espresso, 아메리카노Americano, 롱블랙Long Black 등이 에스프레소 계열에 속하고 카페라테Caffè Latte, 카푸치노Cappuccino, 카페오레Café au Lait 등은 라테 계열에 속한다고 볼 수 있다.

대한민국 카페에서 가장 많이 팔리는 커피는 '아메리카노'다. 여름에는 차게, 겨울에는 따뜻하게 마시는 아메리카노는 이탈리아에서 미국으로 건너간 에스프레소가 너무 써서 미국인들이 물에 희석하여 마시기 시작한 것이 유래라고 한다. 이탈리아인들이 그런 미국인들을 조롱하듯 부르던 말이 '아메리카노'였다는 것이다. 하지만 지금은 그런 시작을 넘어 커피 음료의 대명사가 되었다.

반면 전체 커피 시장에서 가장 많이 팔리는 커피는 '카페라테'다. 이탈리아어로 커피를 뜻하는 '카페'caffè와 우유를 뜻하는 '라테'latte가 붙어 말 그대로 그냥 '커피 우유'라는 뜻이다. 물론 이 역시 문자적 의미를 넘어 대표적인 커피 음료가 되었다.

라테의 유래에 대한 추측으로는 에스프레소를 부드럽게 마시기 위해 우유를 섞었다는 설과 아침 식사 대신 빈속을 채우기 위해 우유를 섞었다는 설이 있다. 그러나 커피를 연구한 역사가 그리 길지 않은 만큼, 무성한 설들을 '설왕설래'하며 찾아가는 중이다. 기원이야 어찌 되었든 카페라테의 매력은 바로 그 '섞인다'는 점! 쓰디쓴 에스프레소와 부드러운 우유 모두 자기 본연의 맛 그대로 섞인다.

양극단으로 치닫는 두 맛이 중화된다. 중화되어 쓴맛은 부드러워지고 부드러움은 묵직해진다. 이 과정을 통해 커피의 쓴맛을 좋아하거나 거부하는 사람 모두를 포용하고, 커피의 세계로 끌어들인다. 더 많은 이가 즐길 수 있는 대중적인 커피가 된 것이다. 바로 이 점이 내가 발견한 카페라테의 매력이다.

양극단으로 치닫는 두 맛이 중화된다.
중화되어 쓴맛은 부드러워지고 부드러움은 묵직해진다.

나는 독신 선교사로 살고자 했다.

주를 위해 내 삶을 바치겠다며 결혼도 포기하고 살았다. 강렬한 에스프레소 한잔처럼 누군가의 목구멍에 타들어 가듯 복음을 남기는 삶. 그것만이 유일한 인생의 목표였다. 그래서였을까? 나는 너무 강하고 뜨거웠다. 진정성이 결여된 것은 거부했으며 진한 원액 같은 감성만을 추구했다. 의도도 순수하고 방향도 틀리지 않았지만, 한쪽으로 조금 치우쳤던 것 같다. 주변 사람들도 좋아하는 사람과 싫어하는 사람으로 극명하게 갈렸으니까 말이다.

그러다 지금의 아내를 만났다. 아내도 나와 같은 그림쟁이였다. 그림을 그리는 예술가들끼리의 만남. 사람들은 부부 둘 다 그림을 그린다고 하면 이구동성으로 말하길, '같은 일을 하는 사람끼리 만나서 너무 잘 통하겠다'고 한다. 하지만 무서운 반전이 기다린다. 서로의 그림체가 완전히 다르다는 점이다.

나는 오직 흑백으로 채워진 선 중심의 그림을, 아내는 총천연색이 어우러진 면 중심의 그림을 그린다. 그림 그리는 사람은 이 말의 의미를 안다. 그림체가 다르다는 말은 성향 또한 완전히 반대라는 뜻이다. 내 성격은 그림처럼 이성적이고 정확했고, 아내의 성격은 자기 그림처럼 편안하고 여유가 있었다. 마치 내가 쓴 에스프레소라면 아내는 부드러운 우유 같았다고나 할까? 그야말로 우리 둘의 공통점은 그림 그리는 사람이라는 점뿐이다.

우연인 듯 필연으로 부부가 되자 서로의 성향이 섞이기 시작했다. 내 강함은 부드러워지고 아내의 부드러움은 묵직해졌으며, 내 뜨거움은 따뜻해지고 아내의 따뜻함은 냉철해졌다. 그런데도 서로 타고난 성향은 잃지 않았으니 그야말로 중화된 것이다.

나는 이 과정에서 전보다 타인을 좀더 이해할 수 있게 되었다. 좋아하는 사람과 싫어하는 사람으로 갈리던 관계의 폭도 넓어졌으며, 특정 대상만 공감할 수 있는 그림을 그렸던 과거와 달리 더 다양한 사람과 감정을 공유할 수 있는 그림을 그리기 시작했다. 작가로서, 한 명의 인간으로서도 성장하고 있다고 느낀다.

그중에서도 가장 큰 유익을 꼽자면 **아내의 하나님을 만난 것이다.** 아내가 만난 하나님은 내가 만난 하나님과는 조금 달랐다. 같은 하나님을 믿지만, 아내가 경험한 하나님의 다가오시는 방법도, 일하시는 방법도 내가 경험한 하나님의 방식과는 달랐다. 그간 나를 인도하신 하나님의 방식은 내 성향만큼이나 극적인 부분이 많았던 반면, 아내에 대해서는 성향만큼이나 자연스럽게 인도해 주셨다.

"왜 가진 것 하나 없는 나 같은 놈이랑 결혼했어?" 무심한 듯 진지하게 던진 질문에 아내는 덤덤하게 대답했다. 하나님이 필요를 채워 주실 거라는 믿음이 있었다고. 아내는 나를 보고 결혼한 게 아니라 하나님을 보고 결혼한 것이었다. 그래서인지 아내는 통장 잔고가 바닥날 때도 염려하거나 불안해하는 법이 없었다. '빈 곳간을 알아서 채워 주시겠지…'라고 되뇌며 믿고 기다렸다. 그러면 자연스럽게 빈 곳간이 채워졌다. 그렇게 하나님은 아내를 순탄하게 이끄셨다. 그와 반대로 나는 열심히 움직였다. 잔고가 떨어지면 채우기 위해 분주히 발로 뛰었다. 내가 뛰지만 채우시는 분은 하나님이라는 사실을 믿으며. 그러면 나 역시 극적으로 필요가 채워지는 일을 경험했다. 어느 쪽이 맞다 틀리다를 말하고자 함이 아니다. 나는 내 성향에 맞게, 아내는 아내의 성향에 맞게 하나님이 각자의 필요를 채워 주셨다는 이야기다.

이 과정에서 나는 아내를 채우시는 하나님을 만나며 내 발로 뛰던 속도를 줄일 수 있었고, 아내는 나를 채우시는 하나님을 만나며 행동하는 법을 배우기 시작했다. 결과적으로는 나와 아내 모두가 하나님을 더 입체적으로 경험했다. 우리가 공동체로 살아야 함은 아마도 이런 이유 때문이 아닐까.

세상은 넓고 사람은 많다. 창조 세계에서 그리스도인들은 한 분 같은 하나님을 믿지만, 각자의 성향은 모두 다르다. 세상에 그리스도인이 10억 명이라면 최소 10억 가지 이상의 방식으로 하나님은 각자에게 일하신다. 놀랍다. 그리스도인이라고 모두 똑같은 그리스도인이 아니라는 사실.

더 많은 이를 만나 교제하며 그들의 하나님도 알아 가고 싶다. 그렇게 각각의 피조물에 맞게 일하시는 하나님을 간접적으로 경험해 볼 수 있다면 내 신앙 여정은 훨씬 풍성해질 것이다. 그리고 그 경험치가 쌓이고 쌓이면 지금보다 더 많은 형제, 자매들을 이해하고 포용할 줄 아는 사람이 될 수 있을 것이다. **타인을 향해 품을 크게 펼칠 줄 아는 사람.** 상상만으로도 멋진 인격이다. 마치 우유와 섞여 많은 이에게 사랑받는 '카페라테'처럼.

나는 선한 목자라

2. 아인슈페너의 이질감

주문한 아인슈페너 Einspänner**가 나왔다.**

짙은 아메리카노 위에 하얀 생크림을 얹은 요즘 커피. 아내가 좋아하는 메뉴다. '비엔나커피'Vienna Coffee 또는 '멜랑슈'Melange라고도 불리는데, 오스트리아의 마부들이 바쁘고 피곤할 때 마차에 탄 채로 크림을 얹어 마시던 데에서 유래되었다고 한다. 그러고 보면 이국적인 음식 다수가 그 나라 서민의 평범한 일상에서 나왔다. 바쁜 일본 어부들이 재빨리 한 끼를 때우려고 날생선을 주먹밥에 얹어 먹었다는 초밥의 탄생설처럼 말이다.

'요즘 커피'라는 표현에서 알 수 있듯, 아인슈페너는 최근 사람들 사이에서 유행하며 성장하는 커피다. 진한 블랙커피 위에 생크림 혹은 휘핑크림을 듬뿍 얹어 주는데, 첫 모금을 마시면 크림의 폭신함이 입술을 맞이한다. 마치 흰 정장을 입은 웨이터가 손님을 맞아 주는 듯하다. 생크림에는 약간의 점도도 있어 쫀득한 식감이 더해지고, 입안에 퍼지는 달콤함과 쫀득함에 취하다 보면 '뽀드득' 소리가 나는 눈밭 위를 걷는 것만 같다. 삿포로의 하얀 설경이 눈앞에 펼쳐진다.

잔을 기울이면 어느샌가 중력에 쏠려 순간 크림을 뚫고 내려오는 블랙커피. 생크림 아래 조용히 묻혀 있던 커피의 반전이다. 커피는 앞서 지나간 달콤함을 뒤쫓으며 입안을 정리한다. 그렇게 정리된 자리에는 더는 크림의 흔적을 찾을 수가 없다. 그래서 다시 생크림을 찾아 들이켜 입안에 머금는다. 그러곤 다시 커피가 정리하고, 또 생크림을 들이켜 맛보고, 커피가 정리하고…. 그렇게 몇 번을 반복하다 보면 다 마시고 없다. 아쉬움에 입을 다신다.

두 맛은 섞이지 않고 따로 논다. 단맛과 쓴맛이 대비를 이루며 각자의 개성을 뽐내는데 이 부분이 앞서 언급한 카페라테와는 다른 점이다. 그런데 그 이질감이 싫지 않다. 이질적 대비를 통해 서로의 존재를 극명히 드러내는 효과. 아인슈페너의 매력은 바로 그 '이질감'에 있다.

나는 열린 사고를 하는 편이었다.

이는 오랜 시간 예술을 공부한 영향이 컸다. 게다가 학생 선교 단체 간사였기에 늘 젊은 감각을 유지하려 애썼고 어린 학생들과도 격의 없이 어울렸다. 그러다 보니 스스로를 '전형적인 한국인'이라고 생각해 본 적이 없었다. 한국을 떠나기 전까진 말이다. 사역 장소를 해외로 옮기고 현지인 혹은 교포 1.5세, 2세들과 어울리면서, 내가 영락없이 한국인이라는 사실이 드러나기 시작했다. 별 거창한 계기도 아니었다. 간단한 '호칭'에서 문제는 시작되었으니까.

한국에서 나는 학생들에게 '간사님'으로 불렸다. 한국 정서에는 당연했다. 사역자와 양육자 사이에 형성되는 일종의 '사제' 의식 덕이었다. 거기에 나이까지 더해져 나는 자연스럽게 윗사람이 되었고 내게 양육받던 학생들은 그런 나를 예우해 주었다. 이렇게 정리된 서열 안에서 안정감을 누리는 일, 그것이 자연스러운 한국 문화였다. '학생들과 격의 없이 어울린다'고 스스로 자부하던 모습은 열린 사고라기보다는 미덕에 가까웠다. 진심으로 학생들과 나를 동등하게 여기는 것이 아니라, 윗사람이 아랫사람에게 베푸는 일종의 호의였기 때문이다.

타지로 나오니 호칭도 예우도 사라졌다. 더 이상 나는

간사'님'도 아무개'님'도 아니었다. 나는 그냥 '나'일 뿐이었다. 한참 어린 현지인들이 내 영어 이름을 부르며 손가락으로 이리저리 지시할 때마다 가슴속에서 치밀어 오르는 무언가를 느꼈다. 게다가 그들은 나보다 머리 하나 정도가 더 커서, 내 머리를 쓰다듬는 열다섯에서 스물까지의 어린 녀석들도 많았다. 피가 거꾸로 솟는 듯했다. 치열한 영적 전쟁이 치러졌다. 서열이 명확한 문화에서 격의 없이 지내는 일과 서열이랄 것이 거의 없는 문화에서 격 없이 지내는 일은 완전히 차원이 달랐다.

그렇게 지내기를 수개월, 마침내 나는 조금씩 순응하기 시작했다. 상호 간에 이름을 부르는 일도 어린 동료들과 동등하게 어울리는 일도 제법 익숙해졌다. 윗사람으로 대우받을 일도 없었지만, 윗사람 노릇을 할 필요도 없었으니 나름 편한 점도 있었다. 그냥 나 자신으로 존재하기만 하면 되었다.

그뿐만이 아니었다. '권위'에 대한 시각도 달랐다. 해외 지부는 사역 담당자가 수시로 바뀌었는데 이 과정 또한 한국의 경험과는 다른 방식으로 이루어졌다. 단순한 부서 이동이 아니었다. 부서'장'이었던 사람이 직분 없는 위치로 돌아가는 일이 당연했다. 담당 부서 목사님이 정해진 기한 동안의 임무를 마치면 평신도로 돌아가는 상황과 같다고 할까? 무모한 것일까, 믿음이 좋은 것일까? 일의 효율성, 성과, 질서, 권위 등을 중시하는 내 생각으로는 허용할 수 없는 인사 방식이었다. 하지만 이 역시 나의 관점이었을 뿐, 그들이 그런 식으로 직분의 유연함을 유지하는 데는 다 이유가 있었다. 직분이란 하나의 '기능이나 역할'일 뿐, 높고 낮음의 '지위'가 아니라는 사회 정서와 문화 때문이었다. 그래서인지 현지에서 만난 리더들 중 권위적인 분위기를 풍기는 사람은 거의 없었다. 대부분은 자신이 맡은 부서'장'이라는 역할을 일종의 기능으로 인지했고, 그 역할에서 벗어나면 누구든 평신도로 돌아가기를 개의치 않았다.

예배에서의 반응 또한 많이 달랐다. 내가 만난 서양인들이 보이는 예배의 반응은 대부분 '기쁨'이었다. 자유를 누리며 기쁨으로 절대자 앞에 나아갔다. 반면 한국인들의 예배 반응은 '경외'였다. 절대자 앞에 고개를 숙이고 눈물을 흘리며 무릎으로 나아갔다. 경배의 반응이 한쪽은 '연인 관계'로 표현된다면 다른 한쪽은 '주종 관계'로 표현된다. 그것만으로도 개인의 자유를 중요하게 여기는 서구 문화와 유교적 겸허함을 중요하게 여기는 동양 문화의 정서가 얼마나 다른지 알 수 있었다. 오해는 마시길! 지금 어떤 문화가 좋고 나쁜지를 말하려는 것이 아니다. 나 역시 당신과 같은 한국인이다. 모든 서양인이, 혹은 모든 한국인이 다 같은 반응을 보였다는 의미도 아니다. 그저 2000년대 중반 당시, 내가 소속된 선교 단체 해외 지부의 분위기가 그랬다는 정도로만 이해해 주면 좋겠다.

이렇게 문화적 정서적 토양이 달랐기에 열정의 온도와 헌신의 의미도 조금씩 달랐다. 의사소통 중 서로 같은 단어를 사용했음에도 전혀 다른 의미를 떠올렸음을, 종종 일이 틀어진 뒤 늦게야 깨달았다.

본질은 무엇일까? 전혀 다른 문화라는 이질감을 벗은 기독교 신앙의 본질 말이다. 성경이 진짜 말하고자 하는 바를 찾아 양파 껍질 벗기듯 문화를 벗겨 가는 과정은 수고스럽지만, 묘미가 있었다. 같은 하나님을 믿고도 상반되게 느끼고 다르게 표현하는 이질적 대비 속에서, 나는 명확하게 드러나는 나를 '재발견'할 수 있었고 그렇게 발견된 나를 '재인식'해 볼 수 있었다.

●●●
성경이 진짜 말하고자 하는 바를 찾아 양파 껍질 벗기듯 문화를 벗겨 가는 과정은 수고스럽지만, 묘미가 있었다.

이 모든 과정은 한국 그리스도인으로서 나 자신을 이해하는 데 도움을 주었다. 나의 뿌리인 한국 교회를 이해하는 데도 도움을 주었고. 한국 교회 문화 중 버려야 할 부분과 지켜야 할 부분을 구분할 수 있게 해 주었다. 버려야 할 것들은 과감히 버려야겠지만, 지켜야 할 것들은 세계 선교에 충분히 기여할 수 있을 만큼 훌륭했다.

2021년 현재 대한민국에는 다문화 가정이 늘고 있고, 점차 우리의 공동체도 다문화 사회를 향하고 있다. 2010년 29만 가구였던 다문화 가구는 36만 가구로, 2012년 3만 명이었던 다문화 학생은 12만 명을 돌파했다. 우리에게 익숙했던 정서와 사고를 다른 문화의 정서, 사고와 대비해 보면서 재인식해야 할 때가 오고 있는 것이다. 물론 이런 시대적 흐름은 어떤 식으로든 우리 신앙에 유익함을 주리라는 것이 나의 소견이다. 우리를 조금 불편케 하면서.

커피를 기다리며

3. 오후에는 아이스 플랫화이트

오후에는 아이스 플랫화이트 Flat White**를 마셔야 한다.**

플랫화이트는 뉴질랜드와 호주에서 즐겨 마시는 라테 계열의 커피다. 우유를 섞는다는 점에서 라테나 카푸치노와 유사하지만, 거품을 미세하게 포밍foaming한다는 점에서는 두 음료와 분명 차이가 있다. 카페라테보다 커피의 농도는 짙게, 카푸치노보다 거품층은 얇게.

호주 시드니의 '무어스 에스프레소 바'Moors Espresso Bar에서 시작됐다는 설과 뉴질랜드 웰링턴의 '보데가 바'Bodega Bar에서 시작됐다는 두 가지 설이 갑론을박을 벌이는 중이다. 하지만 정작 플랫화이트가 지금의 명성을 얻은 곳은 2000년대 중반 미국이다.

그런데 나는 왜 하필 오후가 되면 '플랫화이트'를 마셔야만 할까? 그것도 설탕 시럽을 첨가한. 도통 모르겠다. 좋은데 이유가 어디 있겠느냐마는 분석하고 찾아내는 내 성향을 따라 이유를 고심해 봐도 아직 찾지 못했다. 그저 내 오후 컨디션과 시럽을 넣은 플랫화이트가 좋은 궁합이라는 추측만 가능할 뿐이다.

혹시나 달콤한 설탕 때문인가 싶어 탄산음료로 대체해 보았다. 콜라, 사이다, 환타 등. 하지만 뭔가 아쉬웠다. 달고 자극적이기만 할 뿐 오후의 충전을 돕는 느낌은 아니었다. 그럼 카페인 때문인가 싶어 에스프레소만 연거푸 들이켜 보았다. 그런데 나른한 오후에 마시기에는 너무 쓰고 강했다. 포만감 때문인가 싶어 밀크셰이크로도 바꾸어 봤지만 역시나 뭔가 아쉬웠다.

너무 달기만 해도 안 되고 쓰기만 해도 안 되었다. 포만감으로도 부족했다. 나른한 오후, 지쳐 가는 심신… 그 시간대에는 달기도 쓰기도 하며 유지방도 들어간 시원한 '플랫화이트'여야만 했다. 대체되지 않았다. 커피를 즐기기 시작한 지 10여 년째, 오후에는 반드시 이 음료를 마신다. 남들이야 뭐라 하든 말든.

대체할 수 없는 것이 있다.

바로 예수님이다. 내가 믿는 기독교는 어떤 종교보다 사랑의 가치를 우선한다. 하나님이 사랑이시기 때문이다 (요일 4:8, 16). "사랑은 오래 참고 사랑은 온유하며…"(고전

13:4). 기독교는 포용하고 관용하지만, 이 안에서도 절대 타협할 수 없는 핵심 요소가 한 가지 있다. **바로 예수 그리스도를 통해서만 구원을 얻는다는 '구원관'이다.** 기독교는 무엇보다 사랑과 관용을 중요하게 생각하지만, '예수 그리스도를 통한 구원'만큼은 절대로 타협이 없다. 그래서일까? 인류사의 많은 이단은 유난히 이 부분에 물타기(?)를 시도했다. 구원의 통로가 오직 예수라는 결론에 무언가를 더하기도 하고 빼기도 하며, 계속해서 왜곡하려 했다. 똑같은 성경을 읽고 여호와 하나님을 믿어도 구원의 결론이 예수로 끝나지 않는다. 마지막 결론은 이상하리만치 살짝 비껴간다. 깊이 들여다보면 다른 무언가를 덧붙이거나 예수 그리스도를 대체하는 다른 통로가 존재한다. 그 존재는 대부분 그 단체의 교주이거나 죽고 없는 전 교주이거나, 둘 중 하나다.

가장 중요한 결론이 대체된다는 점. 99퍼센트의 유사성을 가져도 마지막 1퍼센트에서 예수를 비껴가는 것. 그것이 이단의 특징이다.

그런데 한 가지가 마음에 걸린다. 내 마음에는 예수님을 대체하는 것이 얼마나 많이 잠재하고 있을까? 10년간 선교 단체에서 일하다 보니 선교지 밖에서 일어나는 일들에는 무관심해져 버렸다. 우리 사회 약자들이 어떻게 살아가는지, 청년 실업 문제는 어떤지와 같은 일들 말이다. 그저 선교에만 전념하고 몰두하다 보니 어느샌가 사역이 일이 되고 성취가 되고 인생의 전부가 되어 버렸다. 아이러니 아닌가? 하나님이 전부가 아니라 '하나님의 일'이 전부가 되다니…. 이런 내 경험으로 생각해 보건대, 예수님 없이 선교가 가능하냐고 누군가 내게 묻는다면 단호하게 대답할 수 있다. 충분히 가능하다!

선교가 수단이 아닌 '전부'가 되니 그 성과와 결과에 연연했다. 하나님이 함께하라고 보내 주신 동역자와 학생들도 모두 설계된 사역 속 부품으로 간주했다. 그렇게 몇 년이 지나니 사람은 모두 떠나고 일만 남았다. 그나마 그 일들도 오래 남지 못했고.

핵심이 빠졌다. 바로 예수 그리스도. 예수님의 삶, 정신, 철학으로 대변되는 '한 영혼을 천하보다 귀히 여기는 마음.' 복음의 핵심이자 결론인 예수님을 빼고 그 자리를 성과, 성취 등으로 대체하려 했으니 이단이 멀리 있지 않았다.

내가 그동안 전한 것은 정말 예수였나? 함께 일했던 동료들과 가르쳤던 학생들은 나를 통해 예수를 보았는가? 어떤 이단은 그 교단의 성도가 되기 위해 2년간 무조건 해외 선교를 나가기도 한다던데, 내 평생 2년이란 시간을 온전히 예수님 중심으로 살아 본 적은 있었던가? 어떤 이단 교단의 병원이 환자를 인격적으로 대하기 때문에 아내도 어쩔 수 없이 그 병원만 찾는다던데, 나는 그만큼 타인을 인격적으로 예우했던가? 가까운 가족에게, 지인에게, 동료와 지역 사회에 정말 예수를 삶으로 보여 주었나?

이단을 향한 비판이 나에게 돌아와 자꾸만 질문한다. 물론 교리를 벗어난 그들을 변호할 마음은 추호도 없다. 진리는 진리고 그 자체를 수호하는 일만으로도 숭고하다. 다만 진리를 전하는 사람으로서 이런 검열은 꼭 필요하다.

그런 의미에서 이 책도 커피의 향기가 아닌 예수의 향기를 전하는 책이 되었으면 좋겠다. 물론 많이 팔리면 더 좋고(아직도 이단이다).

한참을 끄적거리니 무슨 플랫화이트 한잔에 이단 얘기까지… 의식의 흐름을 따라 와 버린 듯하다. 어느새 오후, 설탕과 카페인과 유지방이 고루 들어간 아이스 플랫화이트 한잔을 마실 시간이다. 지금 마시는 이 한잔은 다른 음료로 대체할 수 없다. 대체해 보려 했지만 실패했다. 아내를 대체하려 하면 불륜이 되고, 하나님을 대체하려 하면 우상이 되며, 예수님을 대체하려 하면 이단이 된다. 대체할 수 없는 것을 대체하려 하면 마침내는 실패하는 법이다.

●●|
대체할 수 없는 것을 대체하려 하면
마침내는 실패하는 법이다.

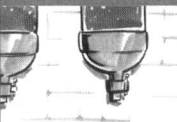

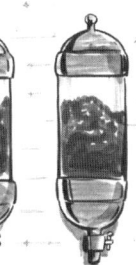

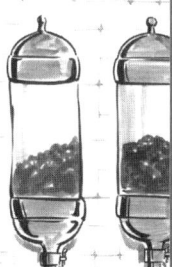

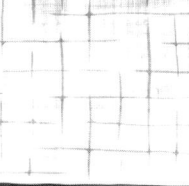

내가 곧 길이요

4. 식어도 맛있는 커피

"남기지 않고 다 마시는 커피가 맛있는 커피예요."

김해에서 만난 한 바리스타에게 들은 말이다. 어떤 커피가 맛있는 커피냐며 던진 질문에 돌아온 대답이었다. 커피를 너무 심오하게 봤던 걸까? 어느 품종의 어떤 원두를 몇 도에 볶아, 이 방식으로 추출한 뒤 저 방식으로 마셔야 한다는 둥, 좀더 전문적인 식견을 기대했다. 하지만 기대와 달리 너무 단순한 답이 돌아왔다. 남기지 않고 마시는 커피가 맛있는 커피라니, 혹시 내 질문이 너무 무례했나.

집으로 돌아와 단골 카페에 물어보았다. 그게 정답이냐고. 바리스타는 잠시 생각하더니 고개를 끄덕였다. "일리가 있네요. 보통 커피는 뜨겁거나 차갑게 나오는데 그때는 사실 맛을 가늠할 수 없거든요. 식어야 진짜 맛을 알 수 있어요. 손님들이 카페에서 대화를 나누는 동안 커피는 식거나 미지근해지는데, 그때 자연스럽게 맛없는 커피는 남기고 맛있는 커피는 다 마셔요. 그렇다면 남기지 않고 한잔을 다 마시는 커피, 그런 커피가 맛있는 커피겠네요."

명쾌했다. 손님은 커피가 맛있는지 맛없는지 쉽게 표현하지 못한다. 그저 본능적으로 행동할 뿐이다. 생각해 보니 나도 그런 적이 있다. 아침 일찍 커피 한잔을 산 후 운전하며 한두 모금 마시다 깜빡 차에 두고 내렸다. 볼일을 마친 후 차에 돌아왔을 때는 이미 늦은 오후였다. 때마침 두고 내린 커피가 눈에 들어왔다. 차갑게 식어 있던 커피. 마실까 말까를 고민하다 속는 셈 치고 한 모금 넘겨 보았다. 그런데 웬걸? 식은 커피가 이토록 맛있을 줄이야! 집으로 돌아오는 길에 마지막 한 방울까지 탈탈 털어 마셨던 기억이 난다.

반면 반대의 경우도 있었다. 큰 기대를 품고 유명한 커피 전문점을 찾아가 큰 용량의 커피를 주문했고, 이번에도 깜빡 차에 두고 내렸다. 한참 뒤에 돌아오니 역시나 싸늘히 식어 있던 커피. 조심스레 한 모금을 마시자, 목 넘김이 불편했다. 뭔가 자연스럽게 넘어가지 않았다. 어쩔 수 없이 대부분을 남기고 말았다. 커피는 며칠간 차에 혼자 버려진 채 변색되었고.

신앙 여정에서도 같은 지점이 있었다.

10여 년간 몸담은 선교 단체를 떠나 전업 작가의 길에 들어섰다. 갑작스레 입문한 예술가의 길. 배고픈 생활이 기다리고 있으리라는 것은 익히 들어 알고 있었다. 그런데 살아 보니 문제는 배고픔이 아니었다. 진짜 문제는 나를 소개할 만한 명확한 '직책'이나 '소속'이 없다는 점.

물론 10여 년을 몸담은 선교 단체가 나에게 딱히 무언가 해 준 것은 아니었다. 월급도 없는 자비량 선교사의 길. 단체로부터 뭔가를 받겠다는 생각은 추호도 없었다. 하지만 막상 조직 생활에서 벗어나니 그 알량한 소속감마저 아쉬움으로 다가왔다. 선교 단체에서 벗어난 순간부터 나는 자비량 선교사도, 그 '누구도' 아니었기 때문이다.

진짜 맛이 드러났다. 나는 누구인가? 내가 외치던 제자의 삶이 자연인으로 돌아온 지금의 일상에서는 왜 드러나지 않을까? 사역할 때의 열정은 그저 분위기에 휩쓸렸던 것이었나? 식어 버린 내 모습을 받아들이기 힘들었다. 조직과 직분을 벗어나니 하나님을 전혀 모르는 사람과 나 사이에 본질적으로 아무런 차이가 없다고 느껴졌다.

고민에 지쳐 갈 때 즈음 깨달았다. '영성이란 하늘로부터 주어지는 선물이다. 네가 잘해서 얻은 것이 아니다. 너는 헌신했다고 생각했을지 몰라도 오히려 조직의 보호를 받

●●●
그러나 다행이다.
빈약한 믿음에 비해 최고의 바리스타가 계시니
그나마 안도가 된다.

았다. 선교라는 이름 아래 행하던 모든 일이 너를 위한 기회였고, 네 주변 동료들이 너에게 주어진 은혜였다.' 비로소 하나님을 보기 시작했다. 나를 만드신 그분을. 하나님은 선교사를 만드시지도 사역 리더를 만드시지도 않으셨다. '자녀인 나'를 만드신 것이었다. 이것이 진짜 내 모습이었다. 직분과 소속 뒤에 숨지 않은 자녀로서의 지금 모습이.

지금의 나는 단체에 소속되었을 때처럼 멋지지 않다. 좀 궁상맞고 어딘가 하찮다. 하지만 어쩌겠나? 그게 진짜 내 모습인 것을. 스스로를 대견해하던 기억은 그저 은혜의 순간이었을 뿐이다.

도대체 언제쯤 그때처럼 멋진 모습을 회복할 수 있을까? 모르겠다. 지금은 그저 이 연약함을 지면을 통해 당신에게 나눌 수 있는 정도다.

그러나 다행이다. 빈약한 믿음에 비해 최고의 바리스타가 계시니 그나마 안도가 된다. 나 같은 원두도 그분의 손길이 닿으면 풍미가 살아 있는 고품질스페셜티, specialty 커피가 될 수 있지 않을까? 식어도 남기지 않고 다 마실 정도로 맛있는 커피. 그분의 손길에 나를 온전히 맡기기만 한다면 말이다.

—
목마른 자들아 내게로 오라

2.
커피의 경제학

5. 손해 보는 장사

단골 카페 사장님이 고민에 빠져 있다.

커피 트럭을 운영하고 싶단다. 카페라는 공간에만 매이지 않고 고객을 찾아 나서고 싶은데 투자 비용이 만만치 않다고 한다. 트럭을 중고로 산다 쳐도 다른 비용은 어찌할지, 막상 나가면 몇 잔이나 팔 수 있을지…. 그는 고민에 고민을 거듭하다 결국 포기했다. 자연스러운 귀결이다. 지금은 자본주의 시대 아닌가? 수익의 효율성이 최우선인 시대다.

영혼 구원은 '손해 보는 장사'다.

오로지 경제적 관점으로 따져 봤을 때 그렇다. '고투자, 저수익' 사업이다. 이런 시대에 많이 투자하고 적은 수익을 올리는, 혹은 수익이 아예 없는 일을 하려고 하면 무슨 말을 들을까? 뻔하다. "미련하다." 그런데 이런 시대 속에서 예수님은 손해 보고 살라고 말씀하신다. 누군가가 오른편 뺨을 치면 왼편도 돌려 대고, 속옷을 뺏으려 하면 겉옷도 내어 주라고. 그중에도 제법 크게 손해 보는 일이 하나 있는데, 아흔아홉 마리 양을 두고 한 마리 양을 찾으러 나간다는 것이다. 아흔아홉 마리라도 거뒀으면 됐지 어디로 갔는지 알 수 없는, 그것도 제 발로 기어 나간 한 마리를 찾아 시간을 낭비하고 위험까지도 감수한다니…. 이 얼마나 비효율적이고 미련한가?

그런 예수님이 바리스타로 오셨다면 어땠을까? 아마도 큰돈 들여 중고 트럭 하나를 떡하니 개조하시고 커피 머신을 설치해서 원두를 볶아 트럭을 몰고 나가셨을 것이다.

●●●
커피가 필요한 한 영혼을 찾아서.
그러고는 종일 기다리시다가 한 사람을 겨우 만나고는
커피를 내려 주며 되뇌셨겠지.

"오늘도 천하를 얻었다!"

커피가 필요한 한 영혼을 찾아서. 그러고는 종일 기다리시다가 한 사람을 겨우 만나고는 커피를 내려 주며 되뇌셨겠지. "오늘도 천하를 얻었다!"

세 번째 책 판매가 가장 저조했다.
내가 쓴 책 중 가장 많은 시간과 공을 들인 책이었다. 하지만 결과는 아주 실망스러웠다. 오만 가지 생각이 밀려왔다. '이제 작가 생활을 접어야 하나? 내 능력은 여기까지인가…?' 출판사 사람들을 볼 낯이 없어 쥐구멍을 찾아 헤매던 중 편지 한 통이 날아왔다.

"석용욱 작가님께"라는 말로 시작하는 손편지는 손 글씨로 무려 일곱 장이나 되었는데, '내가 당신의 책을 읽고 하나님을 만났다. 하나님을 소개해 주어서 고맙다'는 내용이 적혀 있었다. 감동한 나는 보낸 사람의 정보가 궁금해 마지막 장에서 그 이름을 찾아봤지만, 따로 적혀 있지는 않았다. 대신 몇 자리 숫자로 자신의 이름을 대신할 뿐이었다. 주소지를 확인해 보니 대전의 한 교도소였다. 그제야 깨달았다. '이 책은 이 한 사람을 위해 쓰였구나…'

나는 책을 쓰는 일을 철저하게 투자 논리로 계산했다. 투자한 만큼 수익을 보아야 한다는 자본주의 관점으로 말이다. 가장 많은 돈을 들였으니 더 많은 사람에게 읽혀야 한다고 생각했다. 하지만 삶이 늘 효율적일 수만은 없다. 특별히 사람, 즉 한 영혼과 관련된 일은 오히려 반대의 경우가 더 많다.

선교라는 이름으로 한 영혼을 위해 태평양과 대서양을 건너는 일, 학생들을 양육하는 데 쏟아부은 정성, 친구를 위로하기 위해 몇 시간을 운전한 일, 부모가 자녀를 돌보는 일 등. 이 모두가 '고투자 저수익'에 해당하는 일이었다.

같은 맥락에서 생각하면 책이 많이 안 팔렸다고 그렇게 크게 실망해야 했을까? 읽어야 할 사람이 읽었다면 충분히 제 몫을 한 셈이다. 물론 출판사에는 미안하지만.

오늘날 십자가를 진다는 것은 어떤 의미일까? 한 영혼을 위해 금전과 시간의 손해를 감수하는 일이 아닐까?

한 마리 양을 찾아서

6. 공짜 커피

예수님이 '커피 카트'를 끌고 거리로 나가셨다.

멀리 높은 빌딩이 보인다. 언뜻 봐도 대도시에 조성된 좋은 공원. 카트 주변에 모여든 사람들의 옷차림을 보니 모두 넥타이나 사원증을 매고 있다. 의사, 변호사, 금융 기관 및 대기업의 '화이트칼라' 직업군. 사람들이 선망하는 직업을 가진 사람들이다.

그런데 커피는 모두 공짜? 메뉴판에 무료Free라고 적혀 있다. 예수님은 왜 선망 직종에 종사하는 사람들에게 무료로 커피를 나눠 주고 계실까? 상상과 해석은 당신의 몫이다. 참고로 이 그림의 제목은 '무리를 불쌍히 여기시다'이다.

드디어 그림이 팔렸다!

몇 년 전 일본에서 전시회를 하던 중에 이 그림을 본 한 일본 분이 그림을 구매하고 싶다고 의사를 밝혔다. 감동이었다. 하나님이 살아 계시는 듯했다. 나 같은 전업 작가들에게 그림 구매자를 만났을 때보다 기쁜 일이 또 있을까?

해외에서 구매자를 만났을 때는 더욱 그러하다. 국위 선양하는 느낌마저 드니까. 그런데 왜 하필 이 그림을 선택했을까? 교회를 다니지도 않고 예수님도 모르는 분이? 궁금해서 물어봤다. 예수님이 커피를 공짜로 나눠 주시는 모습이 인상적이었다는 대답이 돌아왔다. 메뉴판에 '무료'라는 단어가 이상하게 와닿았다고 했다.

처음에는 그저 농담인 줄 알았다. 하지만 이분이 살아온 삶을 듣자 조금씩 이해되기 시작했다. 그는 교육자 집안에서 태어나 자라며 평생 교직에 몸담아 온 전형적인 교육인, 그것도 자신에게 매우 엄격한 '일본식 교육인'이었다. 무언가를 공짜로 주고받아 본 적이 없는.

우리 그리스도인들에게 이 사실은 기본 상식 아닌가? '하나님의 사랑이 공짜!'라는 진리 말이다. 예수님 덕에 우리는 그냥 받아들이기만 하면 된다. 하나님의 사랑을 전할 기회라고 여겨졌다. 어떻게 전해야 할까? 말로만 전하는 것은 충분하지 않았다. 다시 만날 일이 거의 없을 터이기에 뇌리에 각인될 만한 이벤트가 필요했다. 고민에 고민을 거듭하던 중 선을 넘고 말았다. 해서는 안 될 생각이 스쳐 지나간 것이다. '그냥 선물로 드릴까?' 아뿔싸!

마음 한 부분이 걸리기 시작했다. 그림값 때문이었다. 겨우 한 명 나온 구매자인데 그냥 줘 버리면 나는 어찌한단 말인가? 이번 전시에 들어간 내 경비는? 남는 수익은 있을까? 나의 영적 전쟁은 매번 이런 지점에서 시작된다. 뇌 속의 회로는 끊임없이 계산기를 두들기고 전시를 위해 투자한 돈과 앞으로의 수익을 예상한다. 치열한 수 싸움이 오간다. 내 이익과 직결되면 마치 내가 수학자라도 된 듯하다. 수학은 중학생 때 이미 포기했는데 잊었던 수학 공식도 다시 떠오른다.

●●●
'이 사람이 하나님의 사랑을 체감하는데 왜 내가 값을 내나?
그러고 보니 예수님도 그러셨네.' 또 아뿔싸!

너희는 무엇을 먹을까 무엇을 마실까 하여
구하지 말며 근심하지도 말라.
이 모든 것은 세상 백성들이 구하는 것이라.
너희 아버지께서는
이런 것이 너희에게 있어야 할 것을 아시느니라.
다만 너희는 그의 나라를 구하라.
그리하면 이런 것들을 너희에게 더하시리라.
(눅 12:29-31)

아침 묵상 중에 답을 내렸다. 눈물을 훔친 후, 정성스레 원화를 액자에 담아 포장했다. 포장하는 내내 스스로에게 되물었다. '굳이 원화로 선물해야 할까?' 결단했지만, 고민은 수없이 뇌리를 스친다. '이 사람이 하나님의 사랑을 체감하는데 왜 내가 값을 내나? 그러고 보니 예수님도 그러셨네.' 또 아뿔싸! 이 결론에 이르니 더는 할 말이 없다.

가져간 그림을 선물하자 구매자는 크게 당황했다. 값을 치르지 않은 작품은 받을 수 없다며 민망해했다. 하지만 나는 선물의 취지를 잘 설명했다. "하나님의 사랑은 무료입니다. 하나님이 당신을 향한 사랑을 제 그림을 통해 표현하고 싶어 하신다고 느껴집니다. 제발 받아 주세요." 오히려 간곡히 부탁하자 놀라는 것 같았다. 어쩌면 이 선물이 그분 인생에서 첫 공짜였을지도.

'메시지가 얼마나 전달됐을까?' 결과를 두고 또 뇌가 회전하려 했다. 하지만 이내 잠재웠다. 이후부터는 하나님이 하실 일이다. 내 역할은 그저 '전달'까지니까.

무리를 불쌍히 여기시다

7. 길목에서

"목 좋은 곳에 가게를 냈어야 했는데…."

단골 카페 사장님이 볼멘소리로 불평한다. 날이 추워지니 장사가 잘 안되나 보다. 구석진 자리, 주택가 안쪽. 슬쩍 내다보고 그제야 이 카페가 그다지 목 좋지 않은 곳에 자리 잡았음을 깨닫는다. 그러고 보니 늘 오던 손님만 오는 그런 곳이었다. 확실히 사람들로 북적이는 분위기는 아니다.

요즘이야 예전과는 달라서 SNS만 잘해도 사람들이 찾아온다지만 여전히 장사에는 자리가 중요하다. 예전보다 조금 격차가 줄었을 뿐, 이 기본 공식 자체는 변함이 없다. 그런 의미에서 집 근처를 둘러본다. 목 좋은 자리에 있는 대형 프랜차이즈 가게들. 대로변 건물 1, 2층을 모두 차지한 별다방이 제일 먼저 눈에 들어온다. 근방에 있는 고속도로를 염두에 둔 듯 드라이브인drive-in까지 갖추어서 항상 북적인다. 좋은 전략이다.

그 옆에 꼭 붙어 위치한 토종 브랜드. 일부러 별다방 옆에만 매장을 낸다고 한다. 별다방이 비싸다고 생각하는 사람들을 대상으로 상대적으로 저렴한 커피를 판다. 이 또한 참 전략적이다.

또 다른 길목의 한 프랜차이즈 매장. 요즘은 도서관에서 공부하던 사람들이 카페로 몰린단다. 그런 카페족들을 겨냥해서 아예 도서관 가는 길에 자리 잡았다. 역시나 전략적이다.

부동산에 물어보니 월세가 어마어마하다. 그 위치에서 한 블록 정도만 벗어나도 적게는 세 배에서 많게는 열 배까지 저렴해진단다. 벗어난 자리라는 곳이 그리 멀지도 않다. 불과 10여 미터다. 그런데 모르는 소리 말라며, 아주 약간만 벗어나도 그만큼 장사가 안된다고 한다. 목 좋은 자리는 그만큼의 '자릿값'을 한다고 말이다. 장사에 무지한 나로서는 그저 신기할 따름이다. 그러고 보면 '전략적 요충지'가 정말 있긴 한 모양이다.

이스라엘은 목 좋은 곳에 위치해 있었다.

아프리카와 아시아를 연결하는 대로에 자리 잡았다. 국가 운영만 잘하면 양쪽 대륙에서 이익을 얻을 수 있는 좋은 목이었다. 얼마나 절묘했는지 '문명의 교차로', '대륙 간 교두보', '교통의 요충지', '상업의 교역로', '세력 간의 각축장', '권력의 완충지' 등…. 지정학적 가치를 표현하는 수식어만 나열해 봐도 이 정도다. 그래서 이스라엘의 르네상스라 불리는 솔로몬 시대에 이스라엘은 각 대륙에서 엄청난 무역 이익을 얻었으며 권력의 완충지 역할도 톡톡히 했다. 대륙 간의 군사적 충돌이 발생했을 때도 길목을 틀어막은 이스라엘로 인해 전쟁이 일어나지 않았고, 이로 인해 주변국들 또한 평화롭고 안정된 시기를 보냈다. 그야말로 진정한 축복의 통로 역할을 한 것이다.

반면 국력이 약할 때는 열강의 '동네북'이 되었다. 대륙 간의 무력 충돌이 발생하면 양국의 군화에 짓밟히는 '전쟁터'가 되었고 애꿎은 백성들만 폭력에 의해 유린당했다. 그래서 이런 요충지나 접경지의 약소국들은 늘 주변 국가들과의 관계에 얽혀서 긴장된 나날을 보내야 했다. 멀리서 예를 들 필요도 없다. 불과 60-100년 전 우리 땅에서 청일 전쟁(1894년)과 러일 전쟁(1904년) 그리고 6.25 전쟁(1950년)과 같은 일들이 일어났으니….

길목은 이처럼 명암의 희비가 엇갈리는 자리다. 그 자리에서 어떤 모습으로 서 있느냐에 따라 양쪽을 축복하기도 하고 양쪽의 걸림돌이 되기도 한다. 이 사실을 잘 아셨던 하나님은 넓은 지구의 수많은 요새를 놓아두고 이 절묘한 위치에 이스라엘을 세우셨다.

이제 한국 나이로 40대 중반이다.
나도 드디어 중년에 접어들었다. 세대로 따져 보아도 중간 위치고, 개인의 인생사를 돌아보아도 중간 지점이다. 그야말로 길목에 자리 잡았다. 뒤를 돌아보면 젊은 세대에게 쫓기는 듯하고, 앞을 내다보면 이전 세대에게 밀리는 듯하다. 하는 일도 예술이어서 직업으로도 막연한 불안을 감출 수 없다. 그뿐 아니라 가끔은 아예 아무것도 이루지 못했다는 생각이 들어 서글퍼지기도 한다. '그동안 무얼 하며 살았지?'

그러다 완전히 반대의 감정이 들기도 한다. 우리 사회 곳곳에서 허리 역할이 얼마나 중요한가? 공동체에서 어른들과 청년들을 이어 주는 역할은 오로지 나 같은 중년들이 할 수 있는 일이다. 게다가 하는 일은 기독교 미술. 즉 영성과 감성을 잇는 일이다. 지난 15년간 열심히 그렸기에 기독

길목은 이처럼 명암의 희비가 엇갈리는 자리다.
그 자리에서 어떤 모습으로 서 있느냐에 따라
양쪽을 축복하기도 하고 양쪽의 걸림돌이 되기도 한다.

교 예술가로 버틸 수 있었다. 지금처럼 성실히 그리다 보면 앞으로 남은 시간도 잘 헤쳐 나갈 수 있겠지. 오르락내리락 온도 차를 보이는 내가 변덕쟁이로 보일 수도 있겠다. 변덕이 심한 것도 사실이나 정작 하고 싶은 말은 이것이다. 나의 역할을 어떤 관점으로 받아들일지에 대한 극명한 온도 차를 가져오는 원인은 '하나님과의 관계'라는 사실, 그것이 내가 말하고자 하는 바다.

이 관계가 어떠한지에 따라 길목에서 나의 역할을 감당하는 모습도 바뀐다. 하나님과 좋은 관계를 유지한다면 양쪽을 축복하는 인생을 살고, 하나님과 좋지 못한 관계를 유지한다면 양쪽에 걸리적거리는 걸림돌이 되고 만다. 세대와 세대를 잇고 교회와 예술을 연결하는 축복의 통로가 되려면 그분과의 관계를 더 깊고 친밀하게 다져 가는 수밖에 없다. 이 관계만이 '지금 길목에 나를 세우신 분이 하나님'이라는 내 역할이 갖는 근원적 의미를 잃지 않게 해 주기 때문이다.

나뿐만이 아니다. 세상에는 수많은 길목이 있다. 목회자의 자리는 어떨까? 하나님과 성도들을 연결하는 자리가 아닌가? 무척 중요한 길목이다. 교사의 자리는 어떻고? 하나님과 학생들을 연결하는 자리, 그 역시나 중요한 길목이다. 직원의 자리, 상사의 자리, 부모의 자리, 자녀의 자리 등. 우리 모두 양쪽을 잇는 어느 길목에 삶을 걸치고 있다. 그 길목에서 연결하고 축복하는 통로가 되느냐, 걸림돌이 되느냐는 '하나님과의 관계'에 달려 있다.

당신의 길목은 어디인가?
그곳에서 당신은 어떤 역할을 하고 있나?

단골 카페의 '목'에 대해 이야기하다 주제가 멀리 간 듯하다. 남의 사업 터를 걱정하다 내 걱정에 당신 걱정까지 더한 느낌? 가서 커피나 한잔 더 주문해야지. 목도 안 좋은 카페, 한잔이라도 더 팔아 주는 것이 단골의 성의가 아니겠는가. 물론 커피가 마시고 싶어서 핑계 대는 것은 아니다. 절대 아니다.

길목에서

3.
커피 향기

8. 로스팅하는 법

로스팅roasting은 배전이라고도 한다.

생두에 열을 가하여 볶는 과정으로, 얼마나 열을 가하는지에 따라 커피 맛이 달라진다. 일반적으로 라이트 로스팅, 시나몬 로스팅의 '약배전' 단계. 미디엄 로스팅, 하이 로스팅, 시티 로스팅의 '중배전' 단계. 풀 시티 로스팅, 프렌치 로스팅, 이탤리언 로스팅의 '강배전' 단계로 나뉜다. 약하게 배전할수록 신맛이 느껴지고 강하게 배전할수록 탄 맛이 난다.

로스팅을 잘하려면 어떻게 해야 할까? 바리스타에게 물었다. 원두의 특성을 파악해서 각각에 맞게 장점은 살리고 단점은 보완하면 된다고. 조금 원론적인 답이다. 로스팅 방법이 좀더 공식화되어 있으리라 생각했다. 하지만 커피 나무는 자라는 지역마다 토양과 기후가 달라 원두의 특성도 모두 천차만별이라고 한다. 원두라고 다 같은 원두가 아니다. 고로 획일적인 방법으로 볶아서는 안 된다. 각각의 개성을 알아내서 저마다의 장점은 살리고 단점은 보완해 주는 것이 로스팅 기술이다. 원두 볶는 방법도 참 성경적이다.

어느 날 비난 댓글이 달렸다.

내가 그린 그림을 올리는 공식 SNS 계정이 있는데, 이 책에 실린 '바리스타 예수' 작품들을 올리던 중이었다. 계정에 올라온 그림을 본 성도 한 분이, 내 그림이 너무 '인본주의적'이라며 복음을 제대로 알고 전하라고 댓글을 다셨다. 아마도 그분은 예수님이 등장하는 그림이라면 뭔가 더 거룩하게 표현했어야 옳다고 생각한 듯싶다. 그런데 내 그림은 일상 속 예수님, 우리 주변에서 볼 법한 예수님을 표현했으니 이런 점에서 그분은 내 그림을 신성모독이라 느낄 수도 있었겠다.

내 그림에 대한 첫 번째 비난을 10여 년 전에 처음 들었다. 당시 한 대형 교회 수련회 포스터 작업을 맡았는데, 영화 <스타워즈>의 한 장면을 패러디한 그림을 그렸다. 예수님이 광선 검을 들고 유명한 대사 '포스가 함께하길'May the Force be with you!을 의미하는 포즈를 취하고 계셨다. 포스터가 공개된 다음 날 교회의 한 장로님에게서 항의 전화를 받았다. 세속 영화가 아이들 수련회 포스터에 쓰인 것을 용납

할 수 없다고. 어쩔 수 없이 포스터 그림을 다른 그림으로 대체해야 했다.

'내 그림도 남들처럼 전통적 방식을 따라 바뀌어야 하나?' 많이 고민했다. 지금은 예수님을 현대적으로 해석한 창작물이 많지만, 그때만 해도 사람들은 그런 응용을 파격이라고 느꼈다. 실은 항의를 받은 교회가 그곳만은 아니었다. 이미 몇 교회에서 외면당한 뒤였다. 도대체 어디서부터 잘못되었는지.

어린 시절 나는 유난히 영화나 음악을 좋아했다. 지금은 쉰을 훌쩍 넘긴 큰누님의 영화 잡지들을 어깨너머로 읽었고, 둘째 누님의 팝 음악을 귀동냥으로 들었다. 누가 가르쳐 주지도 않았는데 스스로 찾아 즐긴 것을 보면 본능적으로 끌렸나 보다. 청소년 시절에도 주말마다 비디오 세 편은 잊지 않고 빌려 보았고 친구들과 나돌기보다는 조용히 텔레비전 보기를 선호했다. 그렇게 성인이 되어 전공으로 디자인을 선택했다. 문화에 대해 마음을 열지 않으면, 아니 오히려 선도하지 않으면 안 되는 분야였다. 정치, 경제에는 무지해도 문화와 유행에 밝아야 살아남을 수 있었으니까.

하나님을 인격적으로 만난 후에도 대중문화를 향한 관

심은 식지 않았다. 당시 나는 보수적인 교단에 속한 교회에 출석하고 있었는데, 그 교회는 대중문화를 세속적인 것으로 인식하고 배척하는 분위기가 있었다. 그런 분위기와 문화를 향한 내 관심은 늘 충돌했고, 오랜 고민 끝에 나는 대중문화를 차단하기로 결단했다.

결단한 지 얼마 지나지 않았을 무렵 기도 중에 의외의 사실을 한 가지 깨달았다. 대중문화를 사랑하는 내 성향은 하나님이 주셨고, 이로 인해 나에게는 자연스럽게 정서적

기호들이 형성되었다는 이해였다. 그리고 하나님은 그런 나를 문화 사역자로 부르고자 하신다는 것이었다. 이후로 나는 대중문화를 사랑하는 나 자신과 화해할 수 있었고, 더는 내적으로 갈등하지 않았다.

대중문화와 나를 분리하기보다 하나님의 성품을 표현하는 도구로 사용했다. 내게 주신 영감을 부지런히 좇으며 일상 속에 계신 하나님, 영화 속에 계신 예수님, 바리스타 예수님, 스케이트보드를 타는 예수님 등 우리 주변에서 함께하시는 예수님을 그리고 표현했다. 이제 더는 비슷한 비난에 마음 아파하지 않는다. 그리고 동시에 나는 여전히 보수적인 교단의 교회에 출석하는 한 명의 교인이다.

내 그림이 기독교 미술의 '기준'은 아니지만, 기독교 미술의 '일부'임은 분명하다고 말하고 싶다. 나는 내 모습대로 그렇게 쓰임받았고 여전히 그 과정에 있으며 앞으로도 그러할 것이다. 나만이 아니다. 비난 댓글을 단 그 성도님도, 전화로 항의한 그때의 장로님도, 나를 외면한 그 교회 목사님도 모두 하나님께 쓰임받는 사람들이다. 저마다 허락된 다른 토양과 기후에서 각각의 목소리를 내는….

당신은 어떤 원두일까? 라이트 로스팅이 필요한 원두일까? 이탤리언 로스팅이 필요한 원두일까? 시티 로스팅과 풀 시티 로스팅의 중간 정도? 당신이 살아온 토양과 기후는 어떠했나? 당신의 삶, 가족, 상황…. 나처럼 오해받은 일이 많을 수도, 적을 수도 있다. 상관없다. 그 환경에서 지니게 된 고유의 맛과 향이 있을 것이다. 당신이 고유의 것을 잃지 않기를 바란다. 그 환경을 허락하신 분이 있다. 그분이 허락하실 때는 이유가 있을 테고, 당신은 가던 길을 가면 된다. 전능자의 손길이 당신을 성실히 로스팅하고 계신다.

그분이 허락하실 때는 이유가 있을 테고,
당신은 가던 길을 가면 된다.

전능자의 손길이 당신을 성실히 로스팅하고 계신다.

양 떼를 먹이시다

9. 핸드 드립의 매력

핸드 드립hand drip **커피가 끌리는 날이 있다.**

나는 핸드 드립 커피를 즐겨 마시지는 않지만, 유독 생각나는 날이 있다. 수고한 나에게 상을 주고 싶을 때다. 그런 날에는 카페로 달려가 핸드 드립을 주문한다. 그러고는 천천히 기다린다. 바리스타가 손수 커피를 내리기 때문에 핸드 드립은 시간이 오래 걸리고 가격도 상대적으로 비싸다. 하지만 괜찮다. 상을 주는 날이니까. 그 정도면 가성비 좋은 사치니까.

커피는 추출 방식에 따라 크게 두 가지로 나뉜다. '매뉴얼 드립'manual drip과 '오토 드립'auto drip. 매뉴얼 드립은 기계를 사용하지 않고 손수 내리는 방식이며 오토 드립은 기계를 사용해서 내리는 방식이다. 우리에게 익숙한 핸드 드립은 매뉴얼 드립의 한 종류며, 정확한 표현은 '페이퍼 필터 드립'paper filter drip이다. 말 그대로 여과지를 사용해 걸러 낸다는 뜻이다. 서구권에서는 필터 커피라고 부르고 아시아

권에서는 일본의 영향으로 핸드 드립이라고 부른다.

왜 거르는 작업이 필요할까? 커피는 우려낼 때마다 많은 양의 찌꺼기를 남긴다. 오래전부터 커피 애호가들은 이 찌꺼기를 거르기 위해 양털이나 천을 사용하는 등 고군분투했는데, 독일의 아말리에 아우구스테 멜리타 벤츠Amalie Auguste Melitta Bentz 여사에 의해 지금의 종이 여과 형태가 완성되었다. 우연히 아들의 노트를 찢어 깔때기에 넣고 커피를 거른 데에서 착안했다. 필터 커피 사업을 위해 1908년에 낸 특허가 공식 기록으로 남았고, 그 사업체가 지금의 커피 관련 제품 회사 '멜리타'Melitta가 되었다.

핸드 드립의 목적은 **최대한 걸러 내는 것**이다. 천천히 물을 붓고 뜸을 들여 커피를 우려낸 후 그 우려낸 물을 여과지에 통과시키면 단순 찌꺼기뿐 아니라 불순물과 기름 등도 깔끔하게 제거된다. 그렇게 여과된 커피에는 원두 본연의 맑고 깨끗한 맛과 향만 남는다. 바로 그 부분이 핸드 드립의 매력이다. 오래 마셔도 질리지 않는 깔끔하고 담백한 맛. 순수한 '차' 본연의 커피.

영적 성장이란 무엇일까?

현대인의 필수품인 스마트폰조차도 주기적으로 업그레이드해야 한다. 그렇지 않으면 새로 개발된 애플리케이션들과 스마트폰 운영 체제가 충돌을 일으켜 작동이 더뎌지고 불능 상태에 이른다. 인간이 만든 스마트폰조차도 정체되면 망가지는데, 하물며 우리 영혼은 어떨까? 영혼의 체력인 '영성'도 때에 맞게 업그레이드해야 하지 않을까? 그렇다면 영성의 업그레이드, 즉 영적 성장은 무엇을 의미할까?

나는 이 부분을 너무 단순하게 생각했다. 스펙이나 경력을 쌓듯 자꾸 무언가를 더하면 영적으로 성장하는 것으로 착각했다. 그래서 지식을 쌓고자 더 공부에 매진했고 경험을 쌓고자 일을 찾아 나섰다. 그런데 이상했다. 그럴수록 오히려 교만해지는 나를 발견했다. 지식이 쌓일수록 상대방의 수준을 낮게 여겼고 경험이 쌓일수록 동료들을 쉽게 내쳤다. 겸손한 마음으로 낮은 자리에 서는 일이 좀처럼 쉽지 않았다. 아니나 다를까, 기다렸다는 듯이 위기가 찾아왔고 그 위기를 힘겹게 통과하며 깨달았다. 기독교 영성의 성장은 더함이 아닌 덜어 냄, 즉 **'걸러짐'에 가깝다는** 사실을. 오직 예수만 남기는 것 말이다.

지식도 중요하고 경험도 중요했다. 모르는 것보다는 아는 것이 낫고 경험하지 못한 것보다는 경험해 본 것이 유익했다. 하지만 모든 일은 하나의 도구일 뿐 가장 중요한 것은 예수님이다. 내 마음 중심에 예수님이 계셔서 나는 그 길을 따라가고 있는가? 나보다 남을 낫게 여기며 낮은 곳을 향해 가고 있는가?

> 모든 것을 해로 여김은
> 내 주 그리스도 예수를 아는 지식이 가장 고상하기 때문이라.
> 내가 그를 위하여 모든 것을 잃어버리고 배설물로 여김은
> 그리스도를 얻고 그 안에서 발견되려 함이니.
> (빌 3:8-9)

바울의 고백이 나를 부끄럽게 한다. 바울만큼은 못 되어도 이제부터라도 걸러 봐야겠다. 모든 것을 배설물처럼 여길 수준은 못 된다 해도 작은 것부터 걸러 가려 한다. 어제는 아내에게 두 번 짜증 낼 것을 한 번으로 걸러 냈고, 오늘은 운전 중에 세 번 분노할 것을 두 번으로 걸러 냈다. 이런 작은 일도 쉽지 않다. 더하기보다 덜기가 언제나 어렵다. 그러니 평생에 걸쳐 걸러 내야겠지. 예수님만 남을 때까지.

당신은 어떤가? 아직 뜸 들이며 우려내는 중인가? 아

니면 이제 맑고 깨끗한 한잔의 커피가 되었나? 혹시나 힘겹게 여과지를 통과하는 중이라면 건투를 빈다. 힘내길!

여과지 이야기를 하다 보니 그 속에 담긴 원두가 떠오른다. 물을 부으면 머핀처럼 부풀어 오르는 원두. 뇌가 기억하는 커피 향이 맴돈다. 안 되겠다. 말 나온 김에 가서 한잔 주문해야겠다. 사치스럽다며 들려오는 아내의 잔소리는 덤이다.

혹시나 힘겹게 여과지를 통과하는 중이라면
건투를 빈다. 힘내길!

최후의 만찬

10. 원두의 개성을 찾아서

"산미를 없애자!"

단골 카페 사장님이 로스팅하며 혼자 되뇐다. 산미, 즉 신맛을 잡기 위해 원두를 볶으며 다짐하는 것이다. 산미는 커피의 생명인데 무슨 돼지고기 잡내 잡듯 하냐며 면박을 줬다. 그런데 손님들이 산미를 싫어한단다. 아무리 좋아도 손님이 싫다는데 어찌하겠냐고 한다. 왜 한국 소비자들은 커피의 산미를 낯설어할까?

커피의 역사는 세 차례의 물결로 나뉜다. 미래학자 앨빈 토플러Alvin Toffler가 정보화 시대를 '제3의 물결'The Third Wave로 정의한 것과 마찬가지다. 제1의 물결은 네스카페Nescafé와 맥심Maxim 같은 인스턴트 커피를 통해 밀려왔다. 이들은 커피를 추출하는 기술의 장벽을 대폭 낮추어서 대중의 일상에 커피를 도입했다. 이때는 커피 본연의 맛과 향보다 카페인 섭취가 주목적이었다.

제2의 물결은 스타벅스Starbucks를 중심으로 한 대형 프랜차이즈 카페들로 요약된다. 에스프레소를 응용한 다양한 메뉴를 선보였고, 이를 통해 커피는 카페인 섭취를 위한 방편이 아니라 하나의 음료로 진일보했다. 오늘날 커피 대중화의 일등 공신이다.

제3의 물결은 블루 보틀Blue Bottle과 개인 로스터리 카페(원두를 직접 볶고 갈아 커피를 만드는 카페)의 스페셜티 커피다. 나무가 자라는 지역의 토양과 기후가 저마다 다르기 때문에 커피 열매는 각각 다른 맛과 향을 지닌다. 스페셜티 커피는 그 특성에 맞는 로스팅과 추출법으로 원두의 맛과 향을 간직한 커피를 소개한다. 단순히 음료 한잔이 아닌 '원두의 세계'로 대중을 끌어들이는 것이다.

대한민국은 현재 과도기를 지나는 중이다. 제2의 물결과 제3의 물결 그사이 어딘가를 통과하고 있다. 서울을 포함한 몇몇 대도시는 제3의 물결을 순항 중이나 다수 지방 도시들은 여전히 제2의 물결에 머물러 있다. 그렇다면 현재 다수의 입맛을 형성한 제2의 물결 커피는 어떤 맛일까?

1999년 스타벅스 1호점이 국내에 문을 열었다. 인스턴트 커피와 다방 문화가 전부였던 당시에, 이국적 감각과 세련된 공간, 다양한 메뉴 등을 갖춘 스타벅스는 X, Y세대로 이어지는 청장년층을 사로잡았다. 그 후 빠르게 확산해서 현재 전국 1,600여 개의 매장과 연간 2조 원의 매출을 기록하는 거대한 공룡 기업으로 성장했다.

단순히 회사만 커진 것이 아니다. 국내 커피 문화에도 큰 영향을 주었다. 앞서 언급한 세련된 분위기와 편안한 장소, 다양한 음료 등은 사람들에게 술 없이도 어울릴 수 있다는 인식을 심어 주었다. 그뿐만 아니라 개인의 사색 공간, 독서 공간, 일터까지 대체함으로써 공간에 대한 인식 변화에도 크게 기여했다. 나 또한 백색 소음이 있어야 집중이 더 잘 된다는 사실을 카페 공간을 이용하면서 깨달았다. 한 사람의 카페족으로서 스타벅스와 대형 프랜차이즈 카페들이 국내 커피 문화에 나름 긍정적으로 이바지했다고 생각한다. 지갑의 여유를 뺏어 갔다는 점만 제외하고.

반면 커피 맛을 획일화한 것도 사실이다. 스타벅스의 창업자 하워드 슐츠는 스타벅스의 모체인 '일 지오날레 커피 컴퍼니'il Giornale Coffee Company를 설립했다. 그는 이탈리아 밀라노에서 열린 국제 가정용품 전시회에서 수많은 이탈리아인이 에스프레소 바에 몰려 커피를 즐기며 휴식을 취하는 모습에 감명을 받아, 미국에 이탈리안 커피 문화를 들여오고자 했다. 이후 '스타벅스 커피, 티 앤 스파이스'를 인수해서 지금의 스타벅스가 되었고, 회사의 성장과 함께 전 세계 대중에게 이탈리안 에스프레소를 기반으로 하는 쓴맛과 탄 맛을 현재 커피 맛의 기준으로 심어 놓은 것이다. 실로 막강한 영향력이다. 그 결과 '신맛'은 대중에게 낯설고 불편해졌다. '커피는 강하고 쓰다'라는 인식이 소비자의 뇌리에 심겨졌고 그 맛을 벗어난 다양한 커피 본연의 맛, 즉 약배전이나 중배전에서 느낄 수 있는 신맛(청량감, 과즙 향 등)은 커피 맛이 아니라고 여겨졌다.

더 깊고 다양한 원두의 세계를 선보이고 싶은 커피 장인들은 이 물결을 뛰어넘기 위해 오늘도 치열하게 노력 중이다. 스타벅스 또한 현지에 로스팅 공장을 설립하고 다양한 스페셜티 커피를 소개하는 별도의 '스타벅스 리저브' 매장을 운영하기 시작했다.

어릴 적에 다닌 교회는 장로 교단에 속했다.

하지만 담임 목사님이 직접 개척한 교회였기에 교단의 방향과는 무관한 목사님 특유의 목회 철학으로 운영되었다. 목사님의 축도 장면은 지금도 선명히 기억난다. 축도 때마다 목사님은 "한 달에 백만 원! 천만 원! 일억 원의 십일조를 내는 성도들이 되게 하옵소서!"라고 외쳤다. 설교 중 "내 집 짓고 내 차 타고 내 사업하는 인생을 살자!"며 독려했고 본인은 대한민국에서 가장 큰 목사가 될 거라 선포했다. 송구영신 예배 때는 별도의 헌금 봉투를 내밀며 목사님께 축복 기도를 받는 것이 중요한 행사였다.

교회에서 들을 수 있는 간증 또한 '십일조와 감사 헌금을 했더니 큰 부를 얻었다!'는 내용이 대부분이었다. 하나님은 헌금만 잘하면 성공을 약속하시는 분이었고 '부'는 그 자체로 엄청난 축복이었다. 당시 나에게 하나님의 형상은 일종의 '기업인'이었는데, 자신을 잘 섬기는 이들을 선발해서 '성공'이라는 주식을 통 크게 쏴 주는 분이셨다. 우리 가족 모두 이런 설교를 들으며 '아멘!'을 외쳤다.

사실 그때는 주변의 많은 교회가 그런 분위기였다. 70, 80년대 한국 사회는 경제 고속 성장과 베이비 붐 세대의 인구 증가로 점철된다. 대도시를 형성했고 대도시는 대형 교회를 등장시켰다. 교회가 많지 않았던 때였고 신도시에 개척만 하면 사람들이 몰려왔다. 동네 주변 교회 모두 그 붐을 타고 건물을 올리기 시작했다. 당연히 우리 목사님도 지역에서 제일 큰 교회를 짓겠노라 외쳤다.

비단 교회만의 흐름이 아니었다. 대기업들의 성공 신화도 넘쳐 났다. 매년 13퍼센트 이상의 경제 성장률을 달성했고 서울 올림픽도 성황리에 마쳤다. 여행 자유화가 이루어지고 경제협력개발기구OECD에 가입하는 등, 우리도 곧 선진국 대열에 합류할 거라고 모두가 믿었다. 교회 안에서는 부흥 신화가, 교회 밖에서는 성공 신화가 넘치는 그야말로 신화의 시대였다.

1997년 IMF 외환 위기 사태가 한국 사회를 덮치며 신화의 시대도 끝이 났다. 가계 경제가 무너지며 내 안에 각인된 '기업인 하나님'의 이미지도 무너져 내렸다. IMF 외환 위기의 상흔이 아물 무렵 나는 하나님과 인격적인 교제를 시작했다. 그런 관계를 맺어 가며 정독했던 성경에는 지금껏 알아 왔던 하나님과는 다른 하나님이 계셨다. 성경 어디에서도 물질적 성공이 '보장'된 본문을 찾을 수 없었다(아주 제한적으로나마 그런 축복을 받은 이들이 있지만). 내가 제일 좋아하던 '형통'이라는 단어도 '모든 일일 술술 풀린다'는 의미가 아니라 '하나님이 동행하신다'는 뜻임을 깨달았다. 그런 깨달음 속에서 인생의 방향은 수정되었다.

    삶의 방향이 변화된 후 나는 선교 단체 간사가 되었다. 나름 헌신의 길로 들어섰지만 그렇다고 나의 모든 가치관이 거듭난 것은 아니었다. 선교라는 소위 '성직'을 가졌음에도 세속 신앙의 뿌리는 깊고 견고했다. 직업 특성상 '부와 명예'를 꿈꿀 수는 없었지만, 단체 안에서 높은 직분에 올라 큰 영향력을 끼치고자 하는 욕망은 쉽게 사그라들지 않았다.

    그래서였을까? 기도만 하면 작은 공동체로 가라는 응답을 받았다. 처음에는 천 명이 넘는 공동체를 섬기다가 다음에는 백 명도 안 되는 공동체로 또 그다음에는 열 명도 채 안 되는 공동체로…. 갈수록 낮은 자리로 옮겨 갔다. 연차와 경력은 쌓여 가고 나는 더 많은 일을 할 수 있는데, 왜 하나님은 점점 작은 공동체의 낮은 자리로 인도하시는지 내심 속상했다. 내가 무언가를 잘못했나 싶어 수년간 자기 반성도 했고, 차라리 기도하지 말자 다짐한 적도 있다. 그렇지만 그런 과정을 통해 나는 결국 이러한 인도하심이 오히려 자연스러운 일이었음을 깨달았다. 예수님이 작고 낮은 자리를 향해 묵묵히 걸음을 떼셨기 때문이다.

🔴🔴🔴
이 모든 과정을 통해 나는
진짜 '부흥'을 배우고 있다는 것이다.
세속 신앙관을 넘어 보려는
이 지난한 몸부림을 통해서 말이다.

'번영 신앙'을 뛰어넘기까지는 정말 오랜 시간이 걸렸다. 사실 지금도 부지런히 넘는 중이다. 더 큰 권한, 더 높은 자리, 더 많은 소유에 끌리는 마음은 자연스럽고 편안하다. 누가 가르쳐 주지 않아도 이미 본성에 내재해 있다. 그 본성을 거스르는 일은 마치 거대한 물살을 가르고 역행하는 일 같아서, 잠시만 의식의 끈을 놓으면 바로 휩쓸려 버릴 듯 두려움을 느낀다. 아니, 이미 여러 번 휩쓸렸다가 어디인지 모르는 곳에서 깨어나 고생하며 원래 자리로 돌아오기를 수십 번이다. 실은 정말 뛰어넘고 있기는 한 건지도 잘 모르겠다.

그렇지만 한 가지 분명한 사실은 이 모든 과정을 통해 나는 **진짜 '부흥'을 배우고 있다는** 점이다. 세속 신앙관을 넘어 보려는 이 지난한 몸부림을 통해서 말이다.

이제 다음 목적지는 어디일까? 얼마 전 또 응답을 받았다. 더 작고 은밀한 곳으로 갈 것이라는. 아! 여전히 쉽지 않다.

소박하게 커피를 위로 삼는다. 신앙의 시작과는 달리 커피의 첫 단추만큼은 바르게 채웠노라고 말이다. 단골 카페 사장님은 이미 오래전부터 원두의 개성을 알리고자 했던 제3의 물결의 선구자다. 원두 저마다 본연의 맛과 향을 가지며 그것을 살려 커피를 내려야 한다는 그의 철학. 그 덕에 나는 유행을 선도하는 프랜차이즈 카페의 커피가 전부가 아님을 일찌감치 깨달았다.

여행 중 스쳐 간 여러 나라의 바리스타들도 잊을 수 없다. 대세를 거슬러 한잔의 커피에 정성을 담아 내리던 장인들이었다. 모두 나에게 영감을 주었다. 그들의 열정에 존경을 표하며 나 또한 언젠가 세속 가치관이라는 물결을 완전히 뛰어넘기를 바란다.

THANKS TO YOUR COFFEE

11. 신묘막측한 맛

게이샤에 맛 들였다.

기생 놀음에 빠졌냐고? 오해하지 마시길. 게이샤는 현 스페셜티 커피 시장을 선도하는 고급 원두 품종이다. 그런데 왜 하필 이름이 '게이샤'Geisha일까? 에티오피아 게샤 Gesha 지역에서 처음 재배된 원두가 여러 나라에 게이샤라는 발음으로 전달되었다가 이것이 정식 표기가 되었기 때문이다. 이 원두는 코스타리카를 통해 파나마로 전파되었고 이후 전 세계로 퍼졌다. 현재 대표적인 품종은 '파나마 에스메랄다 게이샤'Panama Esmeralda Geisha다. 가격은 고급 원두답게 일반 원두의 두 배에서 많게는 열 배다.

처음 이 커피를 맛본 곳은 부산의 한 카페였다. 머신 하나 없이 그저 핸드 드립으로 커피를 내려 주던 허름한 카페에서 게이샤를 한 모금 넘긴 순간, '이건 뭐지!' 하며 눈이 번쩍 뜨였다. 그간 나름 커피 애호가라고 자부하며 다양한 스페셜티 커피에 도전했지만 좀처럼 맛을 들이지 못한 상태였는데, 그즈음 이 원두를 만났다.

　이후 집으로 돌아와 단골 카페 사장님께 말했다. 사장님은 나의 주머니 사정을 고려해서 게이샤 품종의 다른 원두를 추천해 주었다. 바로 '콜롬비아 킨디오 엘 플라세르 게이샤'Colombia Quindio El Placer Geisha. 고급 게이샤의 절반 가격에 맛과 향은 70퍼센트 유사한, 지금의 나에게 딱 맞는 가성비 좋은 원두였다. 그렇게 구매한 원두를 다시 내렸을 때 부산에서 마셨던 바로 그 맛을 느꼈다! 첫맛이야 우연일 수 있겠지만 두 번째도 같은 맛을 느끼자 거부할 수 없었다. 나도 제3의 물결에 합류한 순간이었다.

　도대체 나는 왜 이 맛에 매료되었을까? (안목과 성찰만큼 언어로 담아내는 법, 내 언어가 단편적이고 투박한 이유는 비전문가이기 때문이다. 커피를 좋아하는 한 명의 소비자로서 적는 후기이니, 빈약한 표현에 전문가들이 불편해하지 않기를 바란다…)

나는 기본적으로 단맛을 선호한다. 쓴맛은 그리 좋아하지 않는다. '초등학생 입맛'은 날 위한 표현이다. 달콤할 때 기본적으로 뇌와 혀가 반응한다. 게이샤는 그 기분 좋은 달콤함을 기반으로 한다. 내 입맛은 비록 어린아이 수준이지만 그래도 다 큰 성인의 미각을 가졌음을 잊지 말라는 듯, 그 달콤함 위에 다양한 향이 풍부하게 뒤얽혀 동시다발적으로 밀려온다. 바로 이 부분이 중요하다. 다양한 향이 동시에 느껴지면 보통 산만하거나 불편한데 이 원두는 자연스럽고 편안하다. 그래서 한마디로 정의할 수 없는 깊고 오묘한 새콤달콤함을 선사한다. 전문가의 표현을 빌리자면 '화려한 꽃향기와 열대 과일의 단맛'이라는데, 언제쯤 그 맛과 향을 다 느낄 수 있을런지는 모르겠다.

균형Balance이 좋다고 하는데 그 말에는 공감이 간다. 꼭 커피뿐 아니라 무언가 다양한 것들이 동시에 감각될 때 그것이 자연스럽고 편안하다면 균형이 잘 잡혔기 때문이다. 이것이 내가 게이샤에 매력을 느낀 이유이기도 하다.

이상한 후유증이 생겼다. 이 맛에 빠지자 획일화된 프랜차이즈 카페의 커피가 단조롭게 느껴지기 시작한 것이다. 좀 특색 없어 보인다고나 할까? 이전에 습관적으로 마시던 커피들이 조금 지루하고 재미없게 느껴졌다. 그 뒤로

프랜차이즈 카페로 향하던 발걸음도 뜸해졌다.

그와는 반대로 개성 강한 로스터리 카페에는 더 관심이 생겼다. 발로 직접 찾아다니며 저마다의 철학을 들어 보았다. 그렇게 커피 한잔을 사 마시던 내가 원두를 구매하는 방식으로 소비 형태가 바뀌었고 원두를 즐기기 위해 직접 갈아 마시기 시작했다.

이렇게 재미를 들였으니 이전의 커피 음료를 사 먹던 방식으로 돌아갈 수는 없었다. 더불어 지갑은 얇아지고 입맛만 높아지는 중이기도 하다.

제자 훈련에 10년간 몸담았다.

10년의 간사 생활 중 7, 8년을 제자 훈련 부서에 소속되어 있었다. 간사 시절 대부분을 제자 훈련 사역으로 보냈다 해도 과언이 아니다. 더구나 나와 같은 시각 예술가들(디자인, 회화, 사진, 조각 등)을 따로 모아 훈련하는 프로그램을 담당했으니, 학생들과 나는 그야말로 시너지를 경험했다. 특별한 시간이었다.

우리 선교 단체의 제자 훈련에는 좀 독특한 면이 있다. 그것은 바로 6개월간의 합숙이다(아, 이단은 아니다). 상상해 보라. 일면식도 없는 성인들이 모여 반년 동안 먹고 자는 공동생활이 어떠하겠는가? 말로 다 표현할 수 없다. 정말 다사다난하다. 특별한 모집 기준이 있지도 않다. 전염성 질환을 앓고 있지 않은 세례 교인이면 누구나 참여할 수 있다. 하나님을 더 알고자 하는 열정만 있으면 된다. 그래서 정말 다양한 사람들이 모인다. 그렇게 모여 함께 말씀을 공부하며 하나님과 서로를 알아 간다.

처음에는 모두가 좋다. 친절하고 온유하며 자상하다. 하지만 한 달, 두 달이 지나며 조금씩 감추어 두었던 성격이 나온다. 각자의 자아가 드러난다. 절반을 지날 무렵이면 내가 좋아하는 사람, 싫어하는 사람도 자연스럽게 갈리는

데 그래서인지 잦은 마찰이 빚어진다. 화룡점정은 단기 선교, 그때는 인성의 밑바닥이 드러나는 시간이다. 고되고 거친 선교 여정에서 저마다 자기 안에 있던 죄인 중의 괴수와 마주한다. 어떤 학생이 말하길 제자 훈련을 받고 성장이 아니라 마치 퇴화하는 것처럼 느꼈다고 한다. 그렇게 단기 선교까지 마치고 돌아온 이들은 모든 과정을 마쳤다는 성취감과 자신의 진짜 수준을 봤다는 자괴감을 동시에 안고 귀국한다. 그리고 수료할 때가 되면 설명하기 어려운 기쁨에 감격스러워한다. '이제 끝났다. 결국, 끝냈다!'

내 모습의 처음부터 끝까지 보아야만 예수님 없이 안 된다는 사실을 깨닫는다. 그제야 예수님을 진심으로 의지하게 된다. 이것이 복음이 말하는 성장이다. 하나님 앞에서 한 뼘 더 자랐다는 사실을 깨달을 즈음 훈련이 끝나고, 하나님과 그 사람의 진짜 동행이 시작된다.

이런 훈련을 거의 10년간 지속했다. 그러다 보니 이상한 잔상들이 후유증처럼 남았다. 학생들과 뜨거웠던 순간들, 하나님을 알아 가며 씨름했던 지난한 여정들…. 제자 훈련의 맛이란 실로 복합적이다. 사람이 오묘하듯 그 사람들이 모인 자리가 주는 맛은 한마디로 신묘막측하다.

●●●
제자 훈련의 맛이란 실로 복합적이다.
사람이 오묘하듯 그 사람들이 모인 자리가 주는 맛은
한마디로 신묘막측하다.

지금은 **전업 작가**의 길을 걷고 있다. 전처럼 합숙 생활을 하지는 않고 내 공간과 시간도 넉넉하다. 전에 비하면 먹는 것, 입는 것에 부족함이 없다. 그렇다면 나는 그때보다 더 행복해졌을까?

이상하게도 이 질문에 답을 못하겠다. 분명 그때보다 물질적으로 풍족해졌는데 그때만큼의 재미를 느끼진 못한다. 괜히 상상력을 발휘해 본다. 지금보다 더 크고 좋은 집에서 살면 어떨까? 그때는 재미를 느낄 수 있을까?

역시나 답을 못하겠다. 넓고 편안한 집에서 살면 분명 편안할 것이다. 하지만 재미있는 것과 편안한 것은 다르다. 그래서 확답을 할 수가 없다. 자, 더 큰 상상의 나래를 펼쳐 본다. 아주 유명한 작가가 된다면? 전 세계의 언어로 번역되어 나가는 책을 쓰고 고가에 그림을 파는 위대한 예술가가 된다면 그때는 어떨까?

예술가라면 응당 명성을 꿈꿀 터이다. 마다할 이유가 없다. 상상만으로도 좋다. 하지만 왜 이 질문에도 확신하며 답할 수 없을까? 여기에서 잠깐, 제자 훈련이라는 거룩한 사명을 '재미' 따위로 치부한다고 느껴지는 분이 있다면 죄송하다. 고백하건대 내 신앙의 수준이 이렇다. 나는 나를 잘 안다. 가까이 있는 아내가 제일 잘 알고. 이 이야기는 거창한 종교적 명분을 가지고 말하는 것이 아니다. 그저 사람들과 함께 하나님을 알아 가는 과정이 가장 재미있고 즐거웠노라고 말하는 것뿐이다. 나는 어느새 사람에 재미 들였다.

천국은 마치 밭에 감추인 보화와 같아서, 발견한 이가 기뻐하며 돌아가 자기의 모든 소유를 팔아 그 밭을 산다고 했다(마 13:44). 가장 좋은 가치를 발견한 사람이 그보다 덜 가치 있는 다른 무언가에 자신의 모든 것을 투자할 수 없다는 의미의 비유일 것이다. 내가 변했을까? 제자 훈련에서 맛본 영혼의 깊고 오묘한 향기를 이제는 물질의 향기와 맞바꿀 수 없게 되어 버렸다. 지난 10년간 누군가를 제자로 훈련**시켰**다고 생각했는데, 오히려 내가 제자로 훈련**받은** 것은 아니었는지 모르겠다. 그래, 어쩌면 그게 신의 한 수였을지도.

노마드, 전도자의 삶

12. 그의 커피

예수님도 말씀만 가르치셨을 리가 없다.

공생애 동안 그분은 제자들과 먹고 마시며 일상을 사셨다. 그분은 목수셨다. 제자들과 함께 살며 필요한 살림 정도는 손수 만들어 쓰셨으리라 짐작된다. 그렇다면 조금 더 상상해 보자. 목수가 아닌 바리스타로 오셨다면 어땠을까? 그분은 어떤 커피를 즐기시고, 어떤 모습으로 제자들에게 커피를 내려 주셨을까?

상상을 그림으로 옮겨 나갔다. 자상하게 핸드 드립을 내리시는 예수님을 중심으로. 하지만 마무리 단계에 가까워질수록 '주변 인물'을 그리는 데 집중하는 나를 발견했다. 왜 이렇게 주변 인물에 집착하고 있나? 지금 나에게 주시는 어떤 메시지가 있을까? 생각에 생각을 거듭하다 '**예수님이 마지막에 남기고 가신 것은 무엇일까?**'라는 질문에 도달했다. 결론은 하나였다. 화려한 성전이나 탄탄한 조직, 뛰어난 프로그램이 아닌 예수님의 제자들. 바로 **사람들**을 남기셨다.

유월절 전에 예수께서 자기가 세상을 떠나
아버지께로 돌아가실 때가 이른 줄 아시고
세상에 있는 자기 사람들을 사랑하시되
끝까지 사랑하시니라. (요 13:1)

단골 카페의 바리스타가 일주일간 자리를 비웠다.

빈자리를 그의 지인이 대신했다. 카페에 가서 마시던 커피를 주문했다. 원래의 바리스타가 미리 로스팅해 놓은 원두와 늘 내리던 방식의 커피였다. 그런데 첫 모금을 넘긴 순간 든 생각은 '이상하다? 맛이 다르네?'였다. 혹시 내가 착각했나 싶어 다음 날도 같은 커피를 주문했다. 여전히 같은 원두와 같은 방식으로 내린 커피였지만, 맛은? 역시나 달랐다.

며칠 동안 이 상황이 반복되었다. 커피 맛이 변했나? 내 입맛이 변했나? 바리스타가 자리를 비운 한 주간, 나는 결국 즐겨 마시던 커피를 맛볼 수 없었다.

일주일 뒤에 돌아온 바리스타. 모처럼 그가 내려 주는 커피를 다시 마셨다. 첫 모금에, 이럴 수가! 커피 맛이 돌아온 게 아닌가? 신기했다. 분명 같은 원두를 사용하고 같은 방식으로 추출했는데 뭐가 달라졌을까? 그 바리스타가 내릴 때와 내리지 않을 때의 차이. 그것은 과연 무엇이었을까? 나는 분석에 들어갔다. 커피를 주문할 때마다 그가 내려 주는 모든 과정을 유심히 관찰하며 내가 주문하는 과정도 복기했다. 그러고는 깨달았다. 그동안 내가 마신 것은 단순히 '한잔의 커피'가 아니었음을.

    카페 문을 열고 들어서면 반갑게 맞아 주는 바리스타. 이윽고 주고받는 근황. 그와의 대화에서는 정치, 경제뿐 아니라 가끔은 교회 이야기도 주제가 된다. 자영업자를 걱정하는 나와, 예술가를 걱정하는 그 사이에 오가는 눈빛과 소통. 이어서 오늘 내릴 원두에 대한 설명. 그렇게 넘기는 한 모금에는 커피에 대한 이해가 더해져 맛과 향이 배가된다. 인사와 동시에 주문한 후, 대화를 나누고 커피가 나오고 설명을 들으며 마시기까지 일련의 과정. 이 모든 것이 바로 '그의 커피'였다. 그래서였을까? 이 과정이 배제된, 다시 말해 '그 바리스타'가 배제된 커피에는 부족함이 느껴졌다. 실상 맛과 향은 그대로였음에도 불구하고 말이다. 카페로 찾아오게 하는 것은 그의 커피였지만, **카페에 머물게 한 것은 '그 사람'이었다.**

탁월한 설교, 탄탄한 조직, 알찬 프로그램 등.

좋은 신앙 공동체는 이 같은 조건들을 균형 있게 갖추고 있다. 모두 공동체를 튼튼하게 해 주는 훌륭한 요소다. 하지만 이 조건을 통해 공동체로 '찾아오는 것'과 이후에 공동체 구성원으로 '남게 되는 것'에는 분명한 차이가 있다. 그렇다면 우리가 공동체 구성원으로 남게 되는 요소는 무엇일까?

●●●
카페로 찾아오게 하는 것은 그의 커피였지만,
카페에 머물게 한 것은 '그 사람'이었다.

모교회 안에 분열이 일어났다. 문제는 돈이었다. 관련된 사람들이 두 부류로 나뉘어 큰 싸움을 벌였고 결국 교회는 쪼개졌다. 교인들은 흩어졌고 우리 가족도 처음으로 '수평 이동'이라는 것을 해야 했다.

새 공동체를 찾는 일은 말처럼 간단하지 않았다. 단골 거래처를 바꾸는 류의 것과는 차원이 달랐다. 여러 교회를 전전하다 어렵게 공동체를 찾았다. 그들은 우리를 환대해 주었지만, 그렇다고 소속감이 생기진 않았다. 적응하기까지 더 많은 시간이 필요했기 때문이다. 이전 교회에서 쌓은 유대 관계를 처음부터 다시 쌓는 일은 절대 쉽지 않았다.

다른 곳으로 흩어진 이전 교회 교인들도 비슷하게 말했다. 새로 옮긴 교회의 교인들이 무척 잘해 주지만 여전히 낯설고 어색한 건 어쩔 수가 없다고. 그리고 모교회에 남은 성도들에게 왜 아직 떠나지 않는지 물어보았다. 이들의 대답도 그 맥락은 비슷했다. 남은 교인들 때문에 그냥 떠날 수가 없다고… **결국 사람이었다.** 떠나게 하는 것도 사람, 남게 하는 것도 사람이었다.

선교지에서도 마찬가지였다. 한 선교 센터에서 사역할 때였다. 당시 센터는 청년을 대상으로 사역했는데 안타깝

게도 현지 언어를 할 수 있는 사람이 턱없이 부족했다. 센터 선교사님은 어떻게 하면 언어에 능통한 사람을 선교지로 데려올 수 있을지를 거듭 고민했다.

그러던 중 언제부터인가 갑자기 젊은 선교사들이 하나둘 모여들기 시작했다. 대학을 휴학한 단기 선교사부터 사회생활을 하다가 온 장기 선교사까지, 여러 분야의 젊은 선교사들이 센터를 채웠다. 물론 그렇다고 그들이 현지 언어에 능통하지는 않았다. 언어는 막 시작 단계에 불과해서 더듬거리며 소통했다. 언제쯤 현지 청년들과 소통하게 될런지… 여전히 앞날은 막막했다.

그런데 얼마 지나지 않아 지부로 현지 청년들이 모여들었다. 고등학생부터 사회인까지 많은 청년이 센터에 발을 들이기 시작했다. 모여든 현지 청년들과 선교사들이 어우러져 센터는 바글거렸고 그러는 사이 예배와 성경 공부 모임도 시작되었다. 활기를 띠며 센터의 분위기도 완전히 바뀌어 갔다. 정말 이상한 일이었다. 언어도 통하지 않는데 어떻게 이런 일이 가능했을까? 문제는 언어가 아니었다. 언어가 능통한 어른들보다 언어가 어눌한 젊은 선교사들이 또래의 젊은이들을 자연스레 끌어모았다. 이 역시도 결론은 사람이었다.

사람이 가장 중요했다. 다양한 프로그램, 탄탄한 시스템, 풍부한 물자와 넘치는 시간 등은 모두 부수적 요소일 뿐, 결국 공동체를 구성하는 '사람' 자체가 제일 중요했다. 하긴 그 관점으로 보면 세상만사 사람으로 돌아가지 않는 일이 어디 있으랴. 본디 모두 사람이 하는 일이다. 이 원리에 성과 속의 구분이 있을 수 있을까?

사람 이야기에 문득 커피 한잔이 간절해진다. 당장 집 앞 카페에 가서 주문해야겠다. 간 김에 수다도 떨고 농담도 하다 보면 오후의 피로도 풀릴 것이다. 사람 이야기에 왜 커피를 떠올리느냐고? 지금 생각나는 커피는 그냥 커피가 아니라, 바로 '그의 커피'이기 때문이다.

자기 사람들을 사랑하시되
끝까지 사랑하시니라

4. 바리스타 예수

13. 사마리아 여자의 목마름

남편을 다섯이나 갈아 치운(?)
사마리아 여자가 오른편에 앉아 있다.

어른들의 표현을 빌리자면 '팔자 드센 여자'다. 대단하다! 남편 하나 키우기(?)도 큰일인데 다섯이나 바꾸다니. 그래서일까? 나는 이 여자를 약간 '센 언니'로 표현하고 싶었다. 산전수전 다 겪은 만만치 않은 캐릭터로. 반면 예수님은 미소 지으며 그 센 언니를 바라보신다. 에스프레소 포터필터portafilter를 손에 드신 채. 순간 이어지는 이 언니의 도발, '당신이 야곱보다 큽니까?' 하지만 예수님의 미소에는 흔들림이 없다. '네 마음을 안다. 오래전에 이미 이해했다. 아니 본디 사람이 그렇다'고 이야기하는 듯한 그분의 미소. 그래, 인간의 목마름이 예수님에게는 그리 새로운 일도 아닐 터이다.

사마리아 수가성을 통과하던 날 예수님은 일부러 우물가 쪽으로 가셨다. 그 자리에서 꼭 만나셔야 할 한 사람이 있었기 때문이다. 그곳에서 그분은 조용히 물을 길던 한 여자에게 다가가 말을 건넨다. 여자는 뜨거운 햇볕이 내리쬐는 한낮에 물을 길으러 올 만큼 사연 많은 사람이었다. 상호 간에 가벼운 대화가 오가던 분위기 속에서 예수님은 갑작스럽게 돌직구를 던지신다.

"네 남편은 진정 누구냐? 남편을 데려오라."

거침없다. 교양 있는 사람이라면 상대의 예민한 주제는 알아서 피해야지 이런 질문을 꺼내서는 안 된다. 하지만 이 질문으로 대화의 포문은 열렸고, 여자는 자신의 마음 안에 자리 잡은 '목마름'에 직면하게 된다. 오랜 시간 남자를 통해 채워 보려 했던 그 끝없는 갈증. 이내 그녀는 이 자리에서 '예수'라는 생수를 마신다.

리더를 다섯이나 갈아탔다.

아내를 다섯이나 갈아 치울 정도의 능력(?)은 없지만, 나는 리더를 다섯이나 갈아탔다. 내 가능성을 알아보고 끌어 줄 지도자를 찾아서. 결국은 찾았을까? 못 찾았다. 처음에는 좋다가 시간이 지나면 부딪히고 깨지고 헤어지고. 또 다른 리더를 만나 처음에는 좋다가 다시 부딪히고 깨지고 헤어지고…. 같은 패턴의 반복이었다. 그렇게 다섯 명을 갈아탔다.

'내가 찾는 리더는 정말 세상에 없을까?' 매번 리더들과 마찰을 빚는 내 안의 반항심에 스스로 지치고 절망했다. 그러다 마흔이 훌쩍 넘어 깨달았다. 그런 이상적인 리더는 없음을. 진짜 문제는 리더가 아니라 나 자신이었기 때문이다.

어떤 위대한 지도자도 모두 명암이 있으며 보이는 강점만큼 보이지 않는 약점이 존재한다. 그것이 사람이다. 하지만 머리로는 알면서도 감정이 절제되지 않았다. '어떻게 리더가 이럴 수 있어!'라며 그들에게 원인을 돌리다 싸우고 헤어지고 또 싸우고 헤어졌다. 아버지의 '부재' 속에서 자란 내가 리더들을 통해 그 결핍된 부성애를 채우려 한 것은 아닐까? 그래, 그동안 찾아 헤맨 것은 어쩌면 그냥 '아버지'였을지도 모른다.

이상적인 리더에 대한 갈망과 권위에 대한 저항은 상충하는 듯 보이지만 모두 이 목마름에서 나왔다. 그리고 그것은 하나님의 뜻을 이루어 가는 여러 도전에서 실패를 맛보게 하는 나의 연약함이었다. 결국, 사람의 인정으로는 내 안의 갈증을 채울 수 없음을 오랜 시행착오를 통해 깨달았다.

●●●
그래, 그동안 찾아 헤맨 것은
어쩌면 그냥 '아버지'였을지도 모른다.

"저 사람도 환자고 나도 환자야." 오랜 시간 교회를 잘 이끈 한 원로 목사님께 들은 말이다. 지도자도 구성원도 하나님 앞에서는 모두 '연약한 인간'일 뿐이니 서로를 의지할 대상이 아닌 섬겨야 할 대상으로 삼자고 하셨다. 내공만큼이나 깊은 은퇴 소감이었다. 모난 나와 부딪혔던 리더 모두를 그저 한 명의 연약한 인간으로 이해하고 보듬을 수 있는 날이 오기를 바란다. 궁극적으로는 사람이 아닌 그보다 큰 존재로 내 목마름을 채우고 싶다. 예수님이라는 생수를 마셨던 사마리아의 그 '센 언니'처럼.

사마리아 여자와의 대화

14. 비주류 세리 마태

'세리 마태에게 찾아오시다'

그림의 제목이다. '세리'라는 직업적 특성을 고려해서 마태를 세무서 직원으로 표현해 보았다. 업무에 찌든 세무서 직원. 그의 손에 꽂힌 담배 한 개비. 그런 그에게 예수님이 오셔서 빈 잔을 채워 주신다. 지친 표정이 역력한 그의 입가에 보일 듯 말 듯 얇은 미소가 번진다.

마태는 단순한 세금 징수원이 아니었다. 동족에게 과도한 세금을 부과해서 일정 액수를 로마 제국에 상납하며 폭리를 취하는 자였다. 민족 정서로는 반유대적이었으며 직업적으로는 창기나 이교도와 같은 혐오 직업군에 속했다. 그래서 동족 사회에서도 유대인 대우를 받지 못했다. 그런데 흥미로운 점은 그가 제사장 지파인 레위 지파의 후손, 알패오 가문에 속했다는 사실이다. 대대로 목사님, 선교사님 가문에서 나온 일수 업자라고 해야 할까? 정확한 비유를 들 수는 없지만, 그의 출신과 직업이 어딘가 맞지 않는다. 사연이 있었으리라 짐작할 뿐이다. 결국, 그는 이 직업으로 인해 주류 사회에 끼지 못하는 비주류가 되었다.

비주류marginality의 정체성을 가진 지 10여 년째다.
주류에 속해 본 적이 거의 없었다. 해외 체류를 오래 한 탓일까? 어딘지 모르게 '이방인'의 입장이 몸에 뱄다. 그렇다면 고국은 좀 편할까? 그것도 아니다. 이제는 고국조차 낯설다. 게다가 하는 일은 기독교 미술. 상업 미술을 해도 미래가 불확실한 마당에 시장성 없는 기독교 미술이라니.

부러워하면 지는 거라지만 그나마 부러운 분야가 '교회 음악'이다. 교회에는 '찬양 사역자'라는 직분도 있고 '성가대'라는 조직도 있다. 음악이 예배에 필요함은 누구나 잘 안다. 하지만 예배에 미술이 필요하다고 말하면? 고개를 갸우뚱할 것이다. 그 말인즉슨 기독교 미술은 교회 내에서도 비주류다. (물론 이런 상황이 교회 음악가들 모두가 좋은 대우를 받고 있음을 의미하지는 않는다. CCM을 포함해서 교회 음악 시장이 정말 어렵다. 단지 미술에 비하면 상대적으로 나아 보인다는 개인 의견일 뿐이다.)

찾지도 않는 그림을 혼자 그리다 보면 고독을 느낄 때가 많다. 그저 '하나님은 아시겠지…'라고 되뇌며 가야 할 길을 걸을 뿐이다. 그렇게 걷다 보면 비슷한 처지의 나그네들을 만난다. 내가 아는 어떤 목사님은 비그리스도인 유학생이나 여행자를 대상으로 서핑을 통해 전도하는데, 오가는 길을 차로 데리러 가고 데려다주며 틈틈이 간식까지 사 먹인다. 이런 지극정성을 들이는 이유는 오직 하나, 복음을 전하기 위해서다. 10년째 사명을 갖고 그 일을 하고 있는데, 여전히 집안 어른들은 만날 때마다 이런 말을 한다고. "그만 놀러 다니고 이제 진짜 목회해야지!"

또 어떤 전도사님은 한평생을 전도사로 살았다. 일찌감치 신학 학위도 받았고 목사 안수를 받을 자격도 충분했지만, 예순을 넘긴 나이에도 한 교회의 전도사로만 사역했다. 그사이 두 명의 담임 목사님과 여러 명의 다른 교역자들이 그를 거쳐 갔고, 그는 교회의 가장 오래된 재직자가 되었다. 한번은 부담을 느낀 담임 목사님이 이제 그만 목사 안수를 받으시라 권했지만, 전도사님은 요지부동이었다. 그분에게는 하나님이 부르신 자리가 그 자리였기 때문이다. 목회자와 성도들을 연결해 주는 자리 말이다. 그렇게 10년이 더 지났고 얼마 전 마지막 안부를 물었을 때도 그는 칠순을 넘긴 만년 전도사였다.

이런 이들을 기억해 주시는 분이 예수님 아닐까? 중심이 아니라 주변부로 찾아오시는 분, 주류 바깥이나 경계에 있는 이들의 존재도 잊지 않으시는 분. 혼자 그림 작업을 하다가 지칠 때면 이런 예수님을 묵상한다. 바리스타로 오신 그분이 내 잔에도 커피를 채워 주시는 모습을 떠올린다. 커피가 주는 가장 큰 기능 중 하나가 '위안'이라는데, 예수님이 내려 주신 커피를 마신다면 얼마나 큰 위안을 얻을까? 상상으로나마 맛과 향을 음미해 본다. 그리고 다시 붓을 든다. 그 위안을 힘입어 제자로 살아갈 수 있었던 마태를 기억하며, 오늘도 주류 밖 자리를 지키는 나그네 친구들에게 이 그림을 바친다.

커피가 주는 가장 큰 기능 중 하나가
'위안'이라는데,
예수님이 내려 주신 커피를 마신다면
얼마나 큰 위안을 얻을까?

세리 마태에게 찾아오시다

15. 그저 캐러멜마키아토

아직도 잊을 수 없다.

추운 겨울 집으로 돌아가는 길, 낯선 스타벅스에서 처음 맛본 '캐러멜마키아토'Caramel Macchiato를. 그날 처음으로 커피 혼합 음료를 경험했고, '캐러멜 향'에 눈을 떴다. 신세계였다. 그렇게 커피의 세계에 입문한 나는 현재 '싱글 오리진'single origin(단일 원산지의 원두를 사용하여 고유의 풍미와 맛이 느껴지도록 한 커피)까지 즐기며 커피 애호가로 거듭나는 중이다.

일부 커피 애호가들 사이에서 끝나지 않는 논쟁이 하나 있다. '캐러멜마키아토는 커피라고 할 수 있는가?' 과한 캐러멜 향과 설탕 시럽이 커피의 맛과 향을 모두 덮어 버리는데, 진짜 커피가 맞느냐는 말이다. 이 질문에 서로 상반된 의견을 내놓는 두 진영 사이의 공통 생각은 '많이 팔리면 장땡'이라는 것이다. 커피도 결국 비즈니스이기에 고수익을 창출하는 메뉴의 상품성에 대해서는 이견이 없다. 다만

이 관점을 벗어나 '정통성'의 측면에서만 논한다면 어떨까? 캐러멜마키아토는 커피일까? 아니면 그냥 커피 유사 음료일까?

　내 생각부터 말하자면, 커피일 수도 아닐 수도 있다! 교묘히 피해 간다고? 맞다. 나는 조금 비겁해 보이는 결론을 내리기로 했다. 커피이기도 하고 아니기도 하다는. 이유는 간단하다. 캐러멜마키아토는 그냥 캐러멜마키아토일 뿐이기 때문이다. 커피와 일반 음료 사이 경계에 있는 독립 음료.

●●●
캐러멜마키아토는
그냥 캐러멜마키아토일 뿐이기 때문이다.
커피와 일반 음료 사이 경계에 있는 독립 음료.

<u>비주류를 뜻하는 영어 표현은 '마지널리티'다.</u>

마지널리티는 중심이 아니라 주변부, 가장자리를 뜻한다. 사실, 가장자리는 일종의 경계선으로 한 면과 다른 면을 연결한다. 그렇다면 비주류의 다른 해석은 바로 '경계인'border rider이다. '경계인'이라는 개념은 미국의 사회학자 로버트 파크Robert E. Park가 처음 정의했다. 서로 다른 문화 혹은 다른 영역 경계에 있는 사람들을 말하는데 그들은 어느 한쪽에도 소속되지 않지만, 동시에 두 문화를 공유하고 연결하는 특권을 가진다. 결론적으로 비주류의 또 다른 표현인 마지널리티는 경계인, 즉 **'연결하는 사람'**이 된다.

나는 내가 기독교 미술을 한다는 이유만으로 스스로 변두리 인생이라 여겼는데, 일하다 보니 경계선상에서 무언가를 연결하고 있다는 사실이 보이기 시작했다. 바로 교회와 예술(문화)을 연결하는 일, 즉 영성과 감성에 다리를 놓는 일을 하고 있었던 것이다.

오래전에 미술은 기독교 문화의 일부로 존재했는데 언제부터인가 분리되기 시작했다. 나는 공동체에서 성도가 누릴 수 있는 기독교 미술이나 시각 예술의 폭이 넓지 않다는 점에 늘 목마름을 느껴 왔고, 그것이 결국 이 일을 하게 된 중요한 동기로 작용했다. 그리고 그 동기로 10년이 훌쩍 넘는 시간 동안 그리며 표현했고 교회에서 작품을 전시했다. 형태는 거창하지 않았다. 교회 복도, 빈 사무실, 교육관과 식당 등 보이는 여백의 공간을 전시장으로, 문화 공간으로 활용했다. 그러다 보니 어느새 나에게는 '예술 선교사'라는 호칭도 붙었다.

몇 년 전 외국의 한 교민 교회에서 열었던 전시가 생각난다. 그곳에는 교민 교회라는 특성상, 영어만 쓸 수 있는 세대와 영어와 한국어를 반반 쓰는 세대 그리고 한국어만 쓸 수 있는 세대가 뒤섞여 있었다. 언어는 정서와 문화를 구분 짓는 중요한 요소이기 때문에 사용하는 언어가 다르면 민족이 다른 것이나 마찬가지다. 외모는 모두 한국인으로 보일지라도 말이다.

전시 후반 즈음 한 청년이 나에게 와서 말했다. 그림을 감상하며 처음으로 교회 장로님과 대화할 수 있었다고. 본인은 영어로 장로님은 한국어로 말했지만, 그림을 매개로 서로 충분히 소통할 수 있었다고 했다. 그 말을 듣는 순간 깊은 보람을 느꼈다. 한 영혼의 회심이나 병자가 치유되는 기적은 아니었지만, 영혼과 영혼을 연결하는 일도 그만큼 의미 있다고 여겨졌기 때문이다. 그것만으로도 내 그림은 제 몫을 다했다.

예술가이면서 선교사로 사는 삶은 어느 한 분야에 뿌리내리지 않고 경계에 뿌리내림으로써 무언가의 사이를 연결한다. 서로 다른 분야, 문화 그리고 세대를 연결하여 소통하게 하는 것, 그것 나름대로 중요한 의미가 있다. 그리고 이 일은 내가 오직 비주류, 마지널리티였기에 가능했다. 그렇다면 한 걸음 더 나아가 생각해 본다. 비단 '연결'은 나 같은 예술가들만의 역할일까?

그렇지 않다. 우리는 모두 그리스도인, 그것도 세상 속의 그리스도인이다. 세상과 하늘의 경계에서 살아가는 사람들. 우리 모두 하나님과 세상을 연결하는 본질상 마지널리티들인 것이다.

●●●
세상과 하늘의 경계에서 살아가는 사람들.
우리 모두 하나님과 세상을 연결하는
본질상 마지널리티들인 것이다.

다시 캐러멜마키아토로 돌아가 보자. 되돌아보니 그랬다. 처음에는 그 달콤함과 씁쓸함에 끌렸고 마시다 보니 관심이 생겼다. 아메리카노도 마셔 보고 에스프레소도 마셔 보다 이제는 원두의 맛과 향에 관심을 두고 즐기는 단계다. 이러다 언젠가 로스팅까지 한다고 설치는 건 아닐지…. 어쩌다 여기까지 왔을까? 알 수 없다. 그냥 이 모든 여정의 시작점에 바로 그 논쟁의 캐러멜마키아토가 있었을 뿐이다. 커피인지 아닌지 도통 알 수가 없는 그 음료 말이다.

딸아 평안히 가라

16. 품 넓은 카페

세계 최초의 카페는 어디일까?

알 수 없다. 기록된 바에 따르면 1554년 당시 오스만 튀르크 제국이었던 터키의 이스탄불이라고 하지만, 그보다 훨씬 전 아프리카와 중동 여기저기에서 간헐적으로 커피가 대중화된 흔적들이 존재한다. 그러므로 정확한 기원은 알 수 없다. 범위를 좁힌다. 현대 카페의 모태가 되는 유럽 최초의 카페는 어디일까? 단연 이탈리아다. 1645년 이탈리아 베네치아를 시작으로 1650년 영국 옥스퍼드, 1686년 프랑스 파리, 1689년 미국 보스턴 순이다. 한참 뒤 근대화와 제국주의의 바람을 타고 중국과 일본을 거쳐 한국에도 들어왔다.

범위를 완전히 좁혀 보자. 그렇다면 우리 동네에서 가장 오래된 카페는 어디일까? 집 앞 단골 카페다. 올해로 10년째 운영 중인 이곳은 우리 동네에서 가장 오래된 커피하우스다. 10년 전 서울을 제외한 지방 도시들은 카페 광풍의 영향권 밖에 있었다. 내가 사는 곳도 인구 600만 명의 대도시였건만 그 흔한 스타벅스가 중심가 백화점에 딱 하나 있을 정도였다. 서울에서 맛본 라테나 아메리카노가 간절해질 때면 크게 마음먹고 차로 2, 30분을 가야 했다. 그야말로 다방을 제외하고는 카페 불모지였던 셈이다. 이런 곳에 지금의 카페가 들어왔다. 그것도 이탤리언 에스프레소와 핸드 드립 모두를 제공하는 정통 커피 하우스가, 바로 집 앞에, 할렐루야.

한편으로는 과연 장사가 될까 싶었다. 인적 드문 주택가 골목이었기 때문이다. 그런데 막상 문을 여니 사람들이 모여들었다. 문학도, 예술가, 체육인, 자영업자, 회사원 등. 우리 동네에 이런 직업을 가진 사람들이 살고 있었는지 처음 알았다.

초반에는 서로 눈치를 보는 분위기였다. 호기심 가는 인물이 카페를 다녀 가면 뭐 하는 분인지 바리스타에게 물어보았다. 바리스타는 그분에 대해 슬쩍 알려 주었고, 나중에 알고 보니 그분도 나에 관해 물어봤다고 한다. 그렇게 바리스타를 중심으로 소개가 오가자 이후에는 자연스럽게 대화도 오갔다. 지금 내가 알고 있는 영화 제작의 현실과 유럽 철학의 기원, 각종 부동산 정보와 정치 이야기 등은 모두 그때 주워들었다. 주워들었지만 제법 묵직한 내용이다.

대화만 오가지 않았다. 서로 제법 잘 어울렸다. 시나리오를 쓰던 작가가 자신의 영화를 극장에 올리던 날 시사회에 찾아가 축하해 주었고 또 어떤 이는 조용히 진행된 내 결혼식에도 묵묵히 참석해 주었다. 피자 전문점 매니저를 통해 갑절의 토핑을 얹은 피자를 얻어먹는가 하면 그의 동생인 피트니스 트레이너에게 건강 관리를 배웠다. 그 무렵 나는 종종 카페에 모인 이들을 캐리커처로 그렸는데, 카페 사장님은 이 그림들을 모두 벽에 걸어 놓았다. 아마도 이 전시가 내 첫 개인전이 아니었을까. 우리는 그렇게 짧게는 1년에서 길게는 10년, 서로가 서로에게 친구이자 고객 그리고 선생이 되어 주었다. 이 모든 일의 구심점은 커피였고.

독특한 점은 그렇게 잘 어울리면서도 서로에게 집착하지 않았다. 카페라는 공간의 특성 때문이었을까? 각자의 여정에서 특정 시간을 함께 머무를 뿐 스쳐 가기를 두려워하지 않았다. 떠나는 이를 붙잡지도 않았고 새로 오는 이에게 텃세를 부리지도 않았다. 카페 안에서는 그저 커피를 사랑하는 사람들이었을 뿐이다. 그렇다고 대충 관계 맺지도 않았다. 그 순간과 그 공간에서만큼은 진실하게 서로를 대했고, 더 넓은 세계를 향해 나아가는 이에게는 응원의 박수를 보냈다.

정현종 시인은 "사람이 온다는 건… 한 사람의 일생이 오[는 것]"이라고 말했다. 이렇게 다양한 인생이 오가며 자유롭게 교류하던 이곳은 열여덟 평의 작은 공간이라는 외양과는 달리 거대한 하나의 우주였다. 카페는 우리 공동체의 아지트이자 플랫폼이었던 것이다.

전국에 카페가 7만 6천 개를 돌파했다. 예전에는 골목마다 편의점이 있었는데 그것도 이제는 옛말이다. 지금은 골목마다 카페다. 하지만 우리 집 앞 단골 카페와 같은 곳은 많지 않은 듯하다. 카페들은 분명 더 크고 화려해졌는데, 오히려 좁아 보이는 이유는 무엇일까?

교민 교회에 출석한 적이 있다.

외국에서 2, 3년씩 생활할 때마다 교민 교회에 출석했다. 목사님들과 친분도 쌓고 교민들도 알아 가며 교민 사회를 들여다볼 수 있는 소중한 시간이었다. 교민 교회 특성상, 종종 정착하는 이보다 떠나는 이가 많기도 했다. 목사님들은 이런 부분에 거의 득도한 상태였는데, 특별히 유학생을 대상으로 한 교회는 더욱 그랬다.

카페 안에서는
그저 커피를 사랑하는 사람들이었을 뿐이다.

유학생들은 짧으면 1년, 길어야 4년 정도만 체류했기 때문이다. 그런데도 함께하는 순간만은 전심으로 학생들을 양육하는 목사님들의 모습에서 나는 교회의 큰 품을 엿볼 수 있었다. 새로 오는 이는 두 팔 벌려 환대하고 떠나는 이는 두 손 모아 파송하는….

그뿐만이 아니었다. 교회는 교민 행사에 필요한 장소로 예배당을 제공했다. 건물을 공유함으로써 교회가 교민 사회의 구심점 역할을 했고 교민들에게 필요한 정보 교류의 '장'이 되었다. 새로 이민 온 가정에는 정착의 디딤돌이, 다시 이주해 가는 가정에는 든든한 후방이 되어 주며 교회는 단순한 종교 공간을 넘어 교민 사회의 아지트이자 플랫폼이 되었다.

선교 단체도 마찬가지였다. 내가 간사로 몸담았던 선교 단체는 국제 초교파 단체여서 장로교, 감리교, 성결교, 침례교, 성공회, 독립 교단까지 정말 다양한 교단의 젊은이들이 모여 선교에 매진했다. 신학의 '신' 자도 모르던 나는 가끔 서로 다른 교단의 신학생들끼리 토론을 벌이는 모습을 목격했는데 그 모습이 참 인상적이었다. 저마다 자신이 옳다고 주장하는 태도가 아니라 자신의 방향을 그저 '나누었다.'

서로의 차이를 인정하는 태도가 배어 있다고나 할까? 뜨겁게 토론하다 언제 그랬냐는 듯 한마음으로 예배했으니.

다양한 교단의 동료들에게서 칼뱅, 웨슬리, 토저와 헨리 나우웬, 마틴 로이드 존스 그리고 유진 피터슨 등을 소개받았다. 유명 기업인이나 연예인 이름만 알았던 나에게는 생소한 교회의 스승들이었다. 다양한 학부 전공자들에게도 많은 영향을 받았는데 예체능을 전공한 이들에게는 창의적 선교를, 경영·경제 전공자들에게는 비즈니스 선교를 배웠다. 어떤 이에게는 아프리카 지역을, 다른 어떤 이에게는 아시아 지역을 그리고 또 다른 어떤 이에게는 유럽 지역 선교를 배웠다.

오가는 이들의 스펙트럼이 넓었던 그곳은 거대한 하나의 선교 플랫폼이었다. 모인 이들은 100여 명에 불과했지만, 그 안에 마치 열방 nations이 있는 듯했다.

오래전 나이가 지긋한 어느 사모님께 들었던 말이 생각난다. 70년대 청년 시절, 담임 목사님이 교회 텃밭에 물을 주던 장면이 잊히지 않는다고 했다. 누구나 가난했던 시절 교회에는 밤마다 추위를 피해 나그네들과 노숙인들이 찾아왔다. 목사님은 그들을 위해 예배당 문을 열고 밤새 난로를 켜 두셨다. 아침이면 언 몸을 녹인 이들이 하나둘 교회를 나섰고 머리가 희끗한 목사님이 그 옆 텃밭에서 말없이 물을 주던 장면이 평생 눈에 선하다는 것이다. 어렸던 사모님의 눈에 교회는 참 큰 품이었다.

현재 대한민국에는 선교 단체를 포함하여 5만 7천여 개의 교회가 있다고 한다. 4만 4천여 점포의 편의점보다도 많다. 골목마다 카페고 건물마다 십자가다. 분명 더 크고 화려해졌지만, 품을 넓게 펼친 교회는 얼마나 될까?

카페 이야기를 하니 교회가 떠오르고, 교회 이야기를 하니 카페가 떠오른다. 카페가 교회인지 교회가 카페인지 도무지 모르겠다. 아무럼 어떤가? 하나님이 계신 곳이 교회지. 건물이 아니라 우리 자신이 성전이라고 말씀하신 예수님의 가르침처럼.

교회를 사랑하신 것과 같이

글을 마치며

　유시민 작가가 한 노동 운동가의 집을 방문한 적이 있다. 민주화 운동을 하던 젊은 시절, 투쟁에 함께했던 노동 운동가의 집에서 저녁 식사를 대접받은 것이다. 그런데 그는 충격을 받았다고 한다. 그 운동가가 집에서 아내와 아이들을 고압적으로 대하는 모습을 보며 말이다. 밖에서는 사회적 약자를 위해 투쟁했지만, 집에서는 독재자로 군림했던 것이다. 그 일을 계기로 그는 민주주의는 '사회사상이 아닌 일상'이 되어야 한다는 깨달음을 얻었다고 한다.

　이 책을 통해서 하고 싶은 말이 커피인지 신앙인지 스스로에게 질문하며 내린 결론은, '두 가지 모두'라는 것이다. 두 소재를 구분 짓고 싶지 않았다. 아니, 정확히 말하자면 신앙과 일상의 경계를 무너뜨려 이 글을 읽는 사람들의 신앙이 삶의 구석구석에 깃들고, 그들이 일상 신앙에 대해 고민해 볼 기회를 만들고 싶었다는 표현이 더 적절하다. 나의 메시지가 사람들에게 어떻게 전달되었을까?

소박한 노력을 담은 이 애매한 소재의 책을 한 상담가의 글로 마무리하려 한다. 부족한 내공에 비해 원고의 의도를 잘 찾아내 주셨다. (언제나 느끼지만 저자보다 독자의 수준이 높다.) 이분 또한 상담이라는 직업 일상에서 신앙의 적용을 고민하는 성도다. 조금만 찾아보면 우리 주변에 이런 고민을 하는 그리스도인들을 흔히 볼 수 있다. 다음 책에서는 이런 사람들을 인터뷰해 보고 싶다. 삶의 자리에서 고민하고 분투하는 그리스도인들의 이야기. 물론, 다음 책에 대한 티저 광고다.

커피를 좋아하는 나는 석용욱 작가의 (목수가 아니라) '바리스타'로 오신 예수 아이디어가 무척 좋았다. 그림과 에세이를 천천히 훑어보며 우리가 모두 작은 예수라면 각자의 역할이나 자리, 상황을 통해 예수님과 닮은 삶을 살아야 한다는 생각을 떨칠 수 없었다. 그러면서 나는 어떻게 살고 있는지 돌아보게 되었다.

주변 사람들은 나에게 수다인 듯 보이는 '상담이 아닌 상담'을 원한다. 나는 전문 상담가로서 '상담과 수다'는 달라야 한다고 생각하기에 그들을 어떻게 대해야 할지 늘 난감했다. 물론 공감과 위로를 해 줄 수는 있다. 하지만 수다를 통해서는, 상담자처럼 질문하고 직면시켜서 변화하도록 체계적으로 이끌 수 없다. 그리고 궁극적으로 이런 관계는 상대에게도 도움이 되지 않는다.

하지만 이 책을 읽으며 어쩌면 내가 '상담의 전문성'이라는 관념 아래 너무 과하게 선을 긋지는 않았는지 돌아보았다. 상담은 아니어도 지혜로운 조언을 해 줄 수 있

었는데…. '최소한 피하지는 말자!'는 생각이 들었다. 상담 아닌 수다가 시작되더라도, 꼭 나의 전문성을 동원해 체계적으로 이끌지 않더라도, 상황에 따라 기도하면서 무슨 말을 해야 할지 어떻게 반응해야 할지 주님께 묻는다면 다 알려 주실 테니까.

바리스타 예수님이 커피 트럭을 끌고 나타나신다면 나도 얼른 줄 서서 따뜻한 커피 한잔을 마시고 싶다. 그리고 이런 고민을 더 깊이 나누며 수다를 가장한 '상담 아닌 상담'을 받고 싶다.

헬렌 쌤 상담가, 가족관계학 박사 @familycounselor_helen

감사의 글

　책을 한 권 만드는 일은 쉽지가 않다. 작가는 원석을 캐고 편집부는 가공하고 영업부는 포장한다. 책이 완성되어 세상으로 나오기까지는 실로 여러 사람의 힘이 필요하다.

　이번 책 역시 쉽지 않았다. 커피와 신앙을 이야기한다고? 그렇다면 커피에 관한 책이냐, 신앙에 관한 책이냐? 출판사의 반려를 받아 방황하던 원고를 붙잡아 준 분은 IVP 정지영 간사님이었다. 남들은 출간 불가라고 판단한 요소를 간사님은 출간 가능 요소로 판단했다. 역시 누구를 만나는지가 중요하다. 그렇게 세상의 빛을 본 원고는 편집부 양지영 간사님을 만나 비로소 '책'이 되었고, 다른 IVP 간사님들을 만나 여러분 앞에 선보일 수 있게 되었다. 여러 사람의 수고가 아니었으면 불가능했을 일, 출판부에 감사드린다. 저자의 이름만 드러나는 것은 불공평하다.

스플렌디드 로스터리 이건엽 대표님께 감사드린다. 본문에 언급되는 동네 카페는 바로 이곳이다. 10여 년 전 인연을 맺고 대표님을 통해 커피를 배웠다. 알게 모르게 가까워졌는데 서로가 사장과 손님 이상으로 가까워지지 않기 위해 무척 애쓴다. 왜 그러는지는 모르겠다.

대표님은 내가 작업실 없이 전전긍긍할 무렵, 매장에 자리 한편을 내주며 전용 책상까지 마련해 주었다. 그러더니 열쇠까지 넘겨주곤 아무 때나 와서 작업하라고 했다. 둘 중 하나였다. 이상한 사람이거나 하나님이 붙여 주신 사람이거나. 인연이 10년 넘게 유지되고 있으니 이상한 사람은 아닌 듯하다.

대표님은 손님들에게 입버릇처럼 말한다. 다들 성공해서 빨리 이 동네를 뜨라고. 말 그대로 성공해서 떠난 사람이 꽤 많다. 사실 다 떠나고 나만 남았다. 기뻐해야 할까? 슬퍼해야 할까? 요컨대 감사하다는 말이다.

가장 중요한 감사가 하나 더 남았다. 바로 독자인 당신이다. 동네 카페를 벗어날 만큼 성공하지는 못했지만, 십수 년간 작가라는 이름을 유지할 수 있었음은 모두 당신 덕이다. 이 책을 읽어 준 것이 얼마나 큰 의미인지 아마 당신은 모를 것이다. 단순히 지불한 책값 때문이 아니다. 독자 없이 작가는 존재할 수 없는 법. 당신이 나를 존재하게 했다. 그래서 완독해 준 당신께 가장 감사하다.

추천의 글

　『바리스타로 오신 예수』라는 책 제목에서 피곤한 삶을 사는 우리에게 따뜻한 커피 한잔을 내려 주시는 자상하신 주님의 모습을 상상할 수 있다.

　예수님을 통해 신령한 하늘의 것을 전달받아 기쁨으로 일상을 살아가는 우리이기에, 우리도 다른 지친 이들을 위해 그런 역할을 감당하기 원한다. 그런 점에서 글에 담긴 예수님의 인격과 섬김을 닮고자 하는 저자의 갈망은 모든 그리스도인의 갈망일 것이다. 이 책이 질문하고 답하는 사색들 속에서 감미로운 커피 향기와 함께 참된 그리스도인의 향기가 느껴진다. 책의 글과 그림을 통해 독자는 그리스도 안에서 쉼을 누릴 뿐 아니라 성도의 참된 모습에 대한 도전도 얻을 것이다.

이찬수 분당우리교회 담임 목사

나는 석용욱 작가를 나의 책, 『하나님께 돌아오는 연습』을 비롯한 세 권의 연습 시리즈의 그림을 통해 만났다. 석 작가의 그림은 먹선을 넘어 현실로 튀어 오를 것 같은 입체감을 느끼게 할 뿐만 아니라 이성 속에 잠긴 감성을 드러내어 주는 묘한 매력이 있다.

『바리스타로 오신 예수』는 커피를 통해 삶을 성찰하게 하고, 그 삶에 함께하시는 예수님을 더욱 가까이 만날 수 있도록 우리를 안내한다. 또 커피와 신앙, 카페와 교회라는 서로 다른 소재들의 경계를 넘어, 조화로운 통합을 보여 준다. 이 책에는 커피의 역사와 종류, 원두와 로스팅까지 커피에 대한 섬세한 관심과 예수님을 닮고자 하는 간절한 바람에서 시작되는 단상들이 담겼다.

책장을 넘길 때마다 독자들은 마치 한잔의 커피를 마시는 듯 글의 향기와 입안에 감도는 다양한 맛의 조화를 느낄 것이다. 그리고 일상 속에서 만나는 그리스도의 향기가 우리 영혼 속에 스며드는 것도 느낄 것이다. 이 책은 세상 속 작은 예수로 살아가기 원하는 모든 이가 놓쳐서는 안 될 지혜들로 가득 채워져 있으며, 글과 그림에 담긴 메시지를 통해 독자들은 예수님의 카페에 초청받은 듯한 영혼의 기쁨을 경험할 것이다.

김형준 동안교회 담임 목사, 국제 코스타 본부 이사장

> "당신의 길목은 어디인가?
> 그곳에서 당신은 어떤 역할을 하고 있나?" (7. 그의 커피)

지금도 변함없이 좋은 목에 대해 고민한다. 하루에도 수십 번씩 생각하고 고민한다. 조금 더 많은 사람이 다니는 곳에 매장을 열었다면 어땠을까? 하지만 이 책을 보며 지금 이 자리에 카페를 연 것이 우연이 아님을 깨달았다. 그리고 처음 다짐했던 마음들을 떠올렸다. 하나님 중심으로 카페를 운영하겠다던 마음. 매출에 대한 압박으로 그것을 잊고 지냈다. 가족으로 대하겠다던 직원들과의 약속도 잊고 살았다. 다시금 직원들과 대화하고 비전을 나누며 그 마음을 회복했다. 결국, 하나님 중심의 카페는 사람 중심의 카페였다.

석용욱 작가를 알고 지낸 지 벌써 11년이다. 그의 작품은 이처럼 힘들 때는 위로가 되고 위기에는 메시지를 전달하며 기쁠 때는 감사의 통로가 되었다. 돌아보면 11년 동안 그의 작품을 통해 일터에서 하나님을 만났다. 오갈 곳 없던 무명작가에게 베푼 선의가 이런 축복으로 돌아왔을 줄이야. 이 책이 당신에게도 그런 축복이 되길 바란다.

이건엽 "단골 카페 바리스타", 스플렌디드 커피 로스터스 대표

> "카페로 찾아오게 하는 것은 그의 커피였지만,
> 카페에 머물게 한 것은 '그 사람'이었다." (12. 그의 커피)

커피 일을 하다 보면 여러 과정을 거친다. 훌륭한 한잔을 위해 좋은 커피를 마셔도 보고 만들어도 본다. 물론 이론 공부도 게을리해서는 안 된다. 그렇게 달려가다 보면 항상 놓치는 것이 있다. 바로 '사람'. 나의 손님들, 동료들…. 커피 일은 사람 없이는 아무 의미 없다. 아무리 훌륭한 커피를 만든다 한들, 그 커피를 함께 즐길 사람이 없다면 무슨 의미가 있을까?

이 책을 통해 나를 돌아본다. 어떤 자세로 커피와 고객들 그리고 동료들을 대했는지…. 쇼핑몰 입구 작은 노점에서 빈손으로 시작했던 10년 전이 떠오른다. 그간 많은 일이 있었고 놀라운 변화가 있었다. 사업이 성장했고 두 번이나 바리스타 챔피언에 올랐으며 둘째가 태어났다. 모두 하나님의 은혜다. 이 은혜는 그냥 주어진 것이 아니다. 하나님께서 나에게 이 일을 맡기신 이유가 있다. 그 이유를 묵상하며 나를 통해 그분의 나라를 이루어 가시리라 기대한다.

오늘 이렇게 내가 하나님을 다시 경험했듯, 더 많은 그리스도인이 각자의 일터에서 하나님을 발견하면 좋겠다. 특별히 커피를 업으로 하는 그리스도인들이라면 더욱. 이 책이 일터에 있는 하나님의 사람들에게 영감을 주는 책이 되기를 기도한다.

이우형 캠퍼커피 대표, 2016·2017 뉴질랜드 바리스타 챔피언십 우승자 (에어로프레스 부문)

> "저 사람도 환자고 나도 환자야." 오랜 시간 교회를 잘 이끈 한 원로 목사님께 들은 말이다. 지도자도 구성원도 하나님 앞에서는 모두 '연약한 인간'일 뿐이니 서로를 의지할 대상이 아닌 섬겨야 할 대상으로 삼자고 하셨다. (13. 사마리아 여자의 목마름)

남편이 다섯이나 있었던 사마리아 여인 이야기를 통해 리더를 다섯이나 갈아 탄 작가의 고백이 시작된다. 진솔하고, 울림 있는 고백이다. 그리고 이내 펼쳐지는 그림, 선글라스로 얼굴을 가린 여자와 그녀의 이야기를 듣고 있는 바리스타 예수님. 내가 가장 좋아하는 장면이다. 저 자리에 화려하지만, 근심이 가득한 나의 지인들을 앉힐 수 있다면 얼마나 좋을까?

청년 목회나 다음 세대를 위한 사역을 꿈꾼다면, 꼭 책장에 꽂아 두어야 할 책이다. 책의 그림 속에 긴 시간 작가가 얻은 깨달음이 차곡차곡 담겼다. 등장인물의 미소를 머금은 표정과 손놀림, 그림의 배경과 섬세하게 설정된 장면 속에 새로운 목회 방향을 이끌어 줄 통찰이 숨겨져 있다. 이 책을 읽는 모든 이들에게 포스가 함께하길!

황인권 인권&파트너스 대표, 그레이프바스켓 프로덕트 오너

바리스타로 오신 예수

초판 발행_ 2021년 10월 22일
초판 3쇄_ 2022년 2월 15일

지은이_ 석용욱
펴낸이_ 정모세

펴낸곳_ 한국기독학생회출판부
등록번호_ 제313-2001-198호(1978.6.1)
주소_ 04031 서울시 마포구 동교로 156-10
대표 전화_ (02)337-2257 팩스_ (02)337-2258
영업 전화_ (02)338-2282 팩스_ 080-915-1515
홈페이지_ http://www.ivp.co.kr 이메일_ ivp@ivp.co.kr
ISBN 978-89-328-1874-0

ⓒ 석용욱 2021

책값은 뒤표지에 있습니다.
무단 전재와 복제를 금합니다.